CSWC
社会工作与社会政策智库论丛

上海市文教结合“高校服务国家重大战略出版工程”资助项目

“能力为本”社会工作实践学习模式

蔡 屹◎著

華東理工大學出版社
EAST CHINA UNIVERSITY OF SCIENCE AND TECHNOLOGY PRESS
·上海·

图书在版编目(CIP)数据

“能力为本”社会工作实践学习模式／蔡屹著.
—上海:华东理工大学出版社,2016.9
(社会工作与社会政策智库论丛)
ISBN 978-7-5628-4776-2

Ⅰ.①能… Ⅱ.①蔡… Ⅲ.①社会工作-人才培养-研究
Ⅳ.①D632

中国版本图书馆 CIP 数据核字(2016)第 209078 号

策划编辑／刘　军
责任编辑／秦静良
装帧设计／戚亮轩
出版发行／华东理工大学出版社有限公司
地址:上海市梅陇路 130 号,200237
电话:021-64250306
网址:www.ecustpress.cn
邮箱:zongbianban@ecustpress.cn
印　　刷／江苏省句容市排印厂
开　　本／710mm×1000mm　1/16
印　　张／12.75
字　　数／219 千字
版　　次／2016 年 9 月第 1 版
印　　次／2016 年 9 月第 1 次
定　　价／49.00 元

序

中国的社会工作教育事业已经进入一个关键时期。从本科到博士的教育体系基本形成,设置本科和专业硕士的高校达到了一定的规模,这是可喜的进展。但高校如何更好地培养社会工作专业人才,依然面临诸多挑战。其中,引入“能力为本”概念是破解这一难题的切入点,只有确立了社工的核心能力,才能够精准界定课程与实习的内容和要求。例如,美国社会工作教育委员会(Council on Social Work Education,CSWE)在2009年“教育政策与认证标准”中明文列举了实务工作者的十项核心能力,于2015年修订为九项核心能力。英国的社会工作职业能力框架(Professional Capabilities Framework,PCF)是以一名社工职业发展生涯的各个阶段进行设计,即从入门到成为最优秀的社会工作从业人员,提供了全面的能力叙述。它是所有社工岗位通用的能力框架。其中,美国CSWE颁布的教育政策与认证标准规划课程不仅成为美国本土社会工作院系改革的参考,同时,新西兰及我国香港和台湾地区在制定社工能力标准时均以此为参照。

为了回应国际社会工作教育发展的新趋势和国内社会工作人才队伍建设的新要求,华东理工大学社会工作系一直致力于探索建立中国的以“能力为本”的社会工作教育框架。实习是其中最为关键的环节之一,面临的挑战也最多。蔡屹老师是社会工作系第一届本科毕业生,留校工作后,有十多年的社会工作实习指导和协调经验。她的这本著作立足于广泛吸纳英、美社会工作实践教学领域的最新成果,扎根于我校社会工作专业二十年的专业实践教学的反复探索,体现了一位青年教师的担当与追求。尽管著作尚有诸多可完善之处,但她不畏艰难、迎难而上的精神是值得赞赏的。我期待社会工作教育界有更多的青年教师可以做出这样的贡献,唯此,社会工作教育事业才是可敬的、可爱的、可传承的。

华东理工大学社会与公共管理学院院长
社会工作系教授
何雪松
2016 年 5 月 30 日

前　言

我国社会工作教育的发展始于20世纪90年代前后，受政策引导爆发式发展于本世纪初至今，特别是2009年第一批社会工作硕士招生，标志着我国社会工作教育和社会工作专业人才培养进入了新的发展阶段。

我国社会工作发展呈现“教育先行”的鲜明特征，自发展之初就充分借鉴发达国家和地区社会工作教育的经验。经过二十多年专业建设，我国社会工作教育基本建立了符合国际社会工作专业教育标准的课程体系。

在我国社会工作教育规范探索并确立的过程中，发达国家和地区的专业教育又取得了新的进展，即进入以“能力为本”的社会工作教育(Competence Based Education，CBE)。在此教育发展趋势中，2009年美国社会工作教育委员会(Council on Social Work Education，CSWE)颁布的社会工作者十项核心能力成为美国本土社会工作专业改革的参考，同时也是其他国家和地区的“能力为本”专业教育发展的重要依据，如新西兰、中国香港和中国台湾。此外，英国也提出了的社会工作职业能力框架(Professional Capabilities Framework，PCF)，且自成体系。它依据一名社会工作者从入门到成为最优秀社工的职业生涯发展阶段，提出了全面的能力要求。它是一个社工岗位通用的能力框架。作为社会工作教育发展的新趋势，以“能力为本”的社会工作教育也终将对我国产生影响，并呈现我国社会工作教育所处的现实环境和积累的本土经验的特征。

有鉴于此，本书以社会工作硕士实践教育为切入点，基于现实环境，参考美国CSWE的核心能力，探索了我国社会工作教育的能力体系，并设计了相应的实践教育课程。笔者希望能通过抛砖引玉，吸引更多的专家、学者和有识之士共同探讨我国社会工作教育的能力标准，进而培养出符合社会需求的具有专业能力的社会工作专业人才。

目　录

绪　论

“能力为本”是近十年国际社会工作专业教育热议的话题。能力视角的提出为社会工作专业人才的培养提供了新策略。社会工作专业人才培养可以“通过能力”为本的专业教育来实现。

一、何谓“能力为本”的社会工作

“能力”一词源于拉丁文的“capax”，意为“能够承担”。它通常用来描述人们所拥有的、能任意支配的资源或能力。[①] 诺贝尔经济学奖获得者阿玛蒂亚·森研究的能力是可行能力，即关注人们能够有效地做什么或成为什么。[②] 一个人的可行能力反映了这个人能够获得的功能性活动的可选择性的组合，他或她可以从组合中选择一个集合。可行能力概念中最重要的两个方面是功能和自由机会，即个人有充分的自由去获得不同功能的组合。[③] 最终，可行能力展现了一个人的机会和产生有价值成果的能力。个人的能力取决于各种因素，包括个人的特质和外界社会因素的影响。[④]

何谓“能力为本”的社会工作？“能力为本”社会工作旨在培养社会工作者具备社会工作能力以胜任优质的社会服务的需要。所谓社会工

---

① 帕梅拉·特里维西克：《社会工作技巧实践手册（第二版）》，格致出版社 2010 年版，第 5 页。

② Robeyns, I. (2005). The capability approach: A theoretical survey. Journal of Human Development and Capabilities, 6(1), 93 - 117.

③ Sabina, A. (2009), "The human development and capability approach", in Deneulin, Séverine; Shahani, Lila, An introduction to the human development and capability approach freedom and agency, Sterling, Virginia Ottawa, Ontario: Earthscan International Development Research Centre, pp. 22 - 48, ISBN 9781844078066.

④ [印]阿玛蒂亚·森：《能力与福祉》，载[印]阿玛蒂亚·森、[美]玛莎·努斯鲍姆主编：《生活质量》，社会科学文献出版社 2008 年版，第 35 - 61 页。

作能力，是指有能力转换技巧与知识到新的情境，包括组织与规划工作、创新与应付非例行的活动，以及处理人事问题的效能。[①] 美国社会工作教育委员会（Council on Social Work Education，CSWE）于 2008 年在其认证标准中增加了"能力为本"的教育，这一变化是为了更好地促进高等社会工作教育项目的自主性和创新性，鼓励这些项目呼应时代背景，相较之项目投入更关注教育成果。[②] 这一改变引起了社会工作教育项目的改革。社会工作教育项目需要明确与核心能力相联系的一系列可测量的能力，并制定能力测量标准。Holmes 在 2010 年 CSWE 的第 56 届会议中报告了 2008 年所修改的认证标准的实施情况：在经过评估的 55 个项目中，每一个都采用了十项能力来制订课程。其中，有 13 个项目在此基础上增添了与具体方向相关的能力。[③]

"能力为本"的教育（Competence Based Education，CBE）最早被提出于 20 世纪 20 年代，并在 60 年代末得到美国教育界的重视。这反映出对学校未能预备学生必要的生存技能的担心。[④⑤] "能力为本"的教育在不同时期有着不同的定义。Frank 等人在系统性文献回顾中提到，"能力为本"的教育在卫生职业中除了强调结果较之于过程以外，并没有明确的或是被广泛认可的定义。[⑥] 他们的系统性文献回顾的结论指出了 CBE 的定义包含弱化时间为本的教育，向以学生为中心的转化，以及对更多灵活性的需求。然而，CBE 在实践中遇到很多困难，包括和教育政策的冲突，来自教师的抵抗和实际应用的复杂性。[⑦] Robbins 认为，这些困难也都存在于细化和改善 CBE 在社会工作教育应用中的过程。[⑧]

CSWE 于 2009 年公布的"教育政策与认证标准"中明确列举了实务工作者的十项核心能力，它们是：(1)认同社会工作专业（Professional

---

① 赵善如：社会工作者应具备的核心能力，引自"台湾社会工作专业的发展、危机与契机"社会福利实务与学术研讨会。

②③ 美国社会工作教育委员会网站（Council on Social Work Education，CSWE）：http://www.cswe.org/File.aspx? id=43974.

④ American Psychological Association.(2006).APA task force on the assessment of competence in professional psychology:Final report.Washington,DC:Author.

⑤ Malan,S.P.T.(2000).The "new paradigm" of outcomes-based education.Journal of Family Ecology and Consumer Sciences,28,22－28.

⑥ Frank,J.R.,Mungroo,R.,Ahmad,Y.,Wang,M.,De Rossi,S.,& Horsley,T.(2010).Toward a definition of competency based education in medicine:A systematic review of published definitions.Medical Teacher,32,631－637.

⑦ Hill,P.(2013,December 1).Competency-based education:An(updated) primer for today's online market.Retrieved from http://mfeldstein.com/cbe-an-updated-primer-for-todays-online-market/.

⑧ Robbins,S.(2014)From the Editor—Accreditation,Competency-Based Education,and EPAS Revisions,Journal of Social Work Education,50:4,581－586.

Identity)；(2)从事符合伦理的实务工作(Ethical Practice)；(3)拥有批判性思维的能力(Critical Thinking)；(4)理解并尊重实务工作中的多样性(Diversity in Practice)；(5)维护基本人权与落实公平正义(Human Rights & Justice)；(6)基于研究的实践(Research-informed Practice)；(7)具备人类行为及社会环境的相关知识(Human Behavior and Social Environment)；(8)从事与政策相关的实务工作(Policy Practice)；(9)了解并掌握实务工作的背景情境(Practice contexts)；(10)能够执行服务过程中的四大基本程序：接案、预估、干预、评估(Engage, Assess, Intervene, Evaluate)。① 2015 年将其修订为九项，即(1)具有专业的价值/伦理和行为(Demonstrate Ethical and Professional Behavior)；(2)鼓励实践中的多元性和差异性(Engage Diversity and Difference in Practice)；(3)倡导实践中的人权、社会、经济和环境的公平公正(Advance Human Rights and Social, Economic, and Environmental Justice Engage in Practice)；(4)整合研究—实务(Practice-informed Research and Research-informed Practice)；(5)参与政策的实践(Engage in Policy Practice)；(6)增进对个人、家庭、群体、组织和社区的了解(Engage with Individuals, Families, Groups, Organizations, and Communities)；(7)预估个人、家庭、群体、组织和社区(Assess Individuals, Families, Groups, Organizations, and Communities)；(8)介入服务于个人、家庭、群体、组织和社区(Intervene with Individuals, Families, Groups, Organizations, and Communities)；(9)评估实务中个人、家庭、群体、组织和社区的服务成效(Evaluate Practice with Individuals, Families, Groups, Organizations, and Communities)。② 这一修订引起社会工作教育界的广泛关注，Robbins 在文章中指出，2015 年的改版所删掉的“拥有批判性思维的能力”(Critical Thinking)是 CBE 的一项重要能力。③ 社会工作者(简称为“社工”)在分析政策及政策应用、案主的问题、干预方法是否有效，以及案主的福祉时，都不可缺少批判性思维的能力。删除“具备人类行为及社会环境的相关知识”(Human Behavior and Social Environment)是另外一项重要改动。负责修改的人员指出，人类行为与社会环境的知识是

① 高迪理：“社会工作者需具备的核心能力”，引自“台湾社会工作专业的发展、危机与契机”社会福利实务与学术研讨会论文集。

② 美国社会工作教育委员会网站(Council on Social Work Education, CSWE)：http://www.cswe.org/Accreditation/EPASRevision.aspx.

③ Robbins, S.(2014) From the Editor—Accreditation, Competency-Based Education, and EPAS Revisions, Journal of Social Work Education, 50:4, 581 - 586.

和每项能力都有关联的，所以将其渗透在各项能力之中。但是，进一步的分析发现，HBSE的重要性与其说是渗透，不如说是被大大地削弱了，HBSE现在只与不同系统的实践相关。

美国本土的社会工作院系依照CSWE颁布的教育政策与认证标准规划课程，同时，新西兰及我国香港和台湾地区在制定当地的社会工作者能力标准时均以此为参考。而英国则略有不同。英国的社会工作职业能力框架(Professional Capabilities Framework，PCF)自成体系，且更为详细。PCF是一名社会工作者整个职业生涯发展的各个阶段——从入门到成为最优秀的社会工作者，提供了全面的能力叙述。它是所有社工岗位通用的一个能力框架。PCF的应用不仅帮助提升实践水平，也支持社工的职业发展。依照职业发展历程，PCF包含九个阶段，分别是获得职业认证前：(1)进入受训；(2)准备就绪直接服务；(3)第一个实习结束；(4)最后一个实习结束(认证)。认证后：(5)接受一年的职业评估及支持；(6)成为社工；(7)成为有经验的社工；(8)成为高级社工/专业的社工教育者/社工管理人员；(9)成为首席社工/战略社工教育者/战略社工管理者。PCF将取代英国现有的社会工作国家职业标准(尽管该职业标准还会在英国的其他地方使用)，并将代表职业标准或职业实践的等级，而不是具体的工作角色。PCF的执行是通过整体的策略来学习和评估。这反映了社会工作是一项要求知识、技巧及价值相互影响的复杂活动。九个阶段中的要素并不是独立的，而是互相依赖的，它们在专业实践中互相影响。在任何的情景、介入或专业实践中，实践者将要学习并展现一系列不同层次的能力。对于社会工作专业的学生来说，进入受训阶段的学生需要展现出对于社会工作实践所处的社会背景及对自我的觉察能力，发展建立关系的能力，以及发掘有关知识、技能和价值(观)的潜能。在准备就绪直接服务阶段(开始第一项实习以前)，学生需要展现基本的沟通技能，和服务对象初步接触的能力，能够作为机构中一员工作的能力，愿意从反馈和督导的过程中学习，并呈现基本的社会工作价值观、知识及技巧，以备能够在第一项实习中有效应用。在第一项实习结束时，学生应该能够在特定的非复杂环境中和督导的支持下，有效地运用所学的社会工作知识、技巧，以及认同社会工作核心价值观。他们会呈现应对没有简单明了的对策的情景和案主的能力。在最后一项实习结束时，新认证的社工应该呈现和一系列不同类型的案主沟通所需的知识、技巧及价值观，并且具有从事基础阶段一系列任务的能力。他们还应该更独立自主地开展工作，同时认识到最终决策还是应该由其督导做出，并寻求适当的支持及督导。[①]

我国大陆地区关于能力的探讨研究尚不充分，并未形成统一和系统的标准。截至 2015 年 10 月，维普期刊数据库中社会工作硕士的论文仅有 16 篇，其中，CSSCI 期刊论文 6 篇。论文内容涉及我国社会工作硕士首批招生状况分析、教育理念和目标、本土化教育模式和评估体系的建构，以及美国专业学位培养模式等。对我国社会工作者能力的表述只在《社会工作硕士专业学位指导性培养方案》的培养目标中略有提及，即"……具备较强的社会服务策划、执行、督导、评估和研究能力……"。相对较为详细和权威的论述则体现在 2015 版的全国社会工作者职业水平考试指导教材《社会工作综合能力（中级）》和《社会工作综合能力（初级）》中。前者指出：社会工作者核心能力包括：(1)沟通和建立关系的能力；(2)促进和使能的能力；(3)评估和计划的能力；(4)提供服务和干预能力；(5)在组织中工作的能力；(6)发展专业的能力。"[②]而后者只比前者少了第 6 项能力。比较而言，2007 版教材中将社会工作者的能力概况为：(1)技术能力；(2)文化能力；(3)心理素质；(4)持续学习能力。[③] 作为对全国社会工作者最有影响力和专业性的考试教材，仅 2015 年就有 27.7 万人使用该教材参加职业水平考试[④]，然而，修订前后的社会工作者能力标准有着显著差别，另外对不同资格社会工作者的能力要求只是做了简单的增减。由此可见，相关能力标准的制定和修订几乎没有相应的研究作为理论支撑，具有一定的随意性，较为粗略。

综上所述，我国社会工作教育是国际社会工作教育中的一部分，"能力为本"的理念可以成为我国社会工作发展的新策略。社会工作者在为服务对象提供优质服务之前，他们首先需要具备相应的社会工作能力；社会工作教育机构在培养社会工作专业人才时也应该施行"能力为本"的教育。因此，我国社会工作专业人才的培养迫切需要构建基于我国现实环境的能力体系。

---

① 英国的社会工作职业能力框架(Professional Capabilities Framework，PCF)：http://www.tcsw.org.uk/uploadedFiles/PCF22NOVStudentLevelDescriptors.pdf.

② 全国社会工作者职业水平考试教材编写组：《社会工作综合能力（中级）》，中国社会出版社 2015 年版，第 24－25 页。

③ 全国社会工作者职业水平考试教材编写组：《社会工作综合能力（中级）》，中国社会出版社 2007 年版，第 39－41 页。

④ 中华人民共和国民政部网站：http://sw.mca.gov.cn/article/mtgz/201506/20150600833036.shtml.

二、"能力为本"社会工作实践学习模式的现实环境

能力是个相对的概念，在一种环境中的能力在另一种环境中可能就不是了。因此，笔者认为在探讨如何培养社会工作专业人才能力之前，必须翔实地分析我国社会工作专业所处的现实环境。作为对社会工作专业人才能力体系的初步探索，本书立足于对专业教育中实践教育环境的分析。它们分别是宏观环境、机构需求和学生的实践表现。

（一）宏观环境：专业教育和社会政策交互作用中"螺旋式上升"的发展

我国社会工作专业的发展呈"螺旋式上升"态势，受到了专业教育和社会政策的双重作用和推动。它的发展可以划分为"教育先行"阶段（1988—2005 年）和政策推动阶段（2006 年至今）。

"教育先行"阶段始于 1988 年。在我国，北京大学等高校于 1988 年获得原国家教委的批准建立了社会工作专业。第一个社会工作系始建于 1993 年，在北京，中国青年政治学院率先成立。华东地区的第一个社会工作系始建于 1996 年，在上海华东理工大学成立。而最早的专业社会工作岗位，约于 2000 年前后出现在上海浦东新区。

社会工作专业教育的持续发展受国家教育政策改革的影响。继 1998 年社会工作专业改为"非控制发展专业"后，1999 年初国务院批转教育部的《面向 21 世纪教育振兴行动计划》，俗称"大学扩招"开始，高等教育大发展正式启动，社会工作办学单位和社会工作招生持续扩张。

政策推动阶段是指自 2006 年，相关政策的陆续出台，对社会工作专业人才队伍建设提出了明确的数量和质量上的要求。2006 年党的十六届六中全会召开，《中共中央关于构建社会主义和谐社会若干重大问题的决定》中提出了"建设宏大的社会工作人才队伍"的战略部署，指出要加快高等院校社会工作人才培养体系建设，抓紧培养大批社会工作急需的各类专门人才。2010 年 6 月，《国家中长期人才发展规划纲要（2010—2020 年）》正式颁布，对社会工作人才队伍的数量和质量都做出明确规定，以中高级社会工作人才为重点，到 2015 年、2020 年，社会工作人才总量将分别达到 200 万人与 300 万人。2011 年《中共中央、国务院关于加强和创新社会管理的意见》强调，要发展社会工作专业服务机构，加强社会工作专业人才队伍建设，开展社会关爱行动，关心帮助困难家庭和个人。同年，中央组织部、中央政法委、民政部等 18 个部门和组织联合发布了《关于加强社会工作专业人才队伍建设的意见》，对社会工作专业人才的定义和功能做出了明确界定。2012 年《社会工作专业建设中长期规

划(2011—2020年)》,2014年共青团中央、中央综治办、民政部等6部门印发《〈关于加强青少年事务社会工作专业人才队伍建设的意见〉的通知》,成为更具有针对性的单一领域内社会工作专业人才队伍建设的指引。①

对此,我国社会工作专业教育做出了积极的回应。2008年,国务院学位办第二次会议审议通过了《社会工作硕士专业学位设置方案》,2009年33所首批获得社会工作硕士(MSW)授予权的高校开始招生。根据中国社会工作教育协会的不完全统计,截至2014年6月,我国实际开设社会工作本科专业的院校约300所,有社会工作硕士(MSW)授予权的学校是104所。这些高校覆盖了全国21个省、3个自治区和4个直辖市,按学术等级可以分为"985高校""211高校"、非211地方重点高校,以及一般院校四类。②

近年在政策推动下,社会工作教育呈现爆发式的增长。以社会工作专业硕士为例,五年内获批开设社会工作硕士(MSW)的高校数量增长超过300%。这一爆发式的增长比例较直观地反映了国家和社会对社会工作专业人才队伍需求的迫切性。也正因为如此,我国社会工作专业教育的发展呈现出回归于早期专业发展需求的趋势,如课程设置研讨和师资培训,较少回应近十年国际社会工作教育对社会工作专业人才能力培养的热议话题。同时,专业社会工作作为舶来品,在我国始终面临着本土化和专业化的挑战,然而,目前社会工作人才的能力并无法回应复杂的社会议题和政策环境要求。

(二)机构需求:社工机构和专业教育共同培养的"全能型"人才

优质的社会服务是社工机构的核心竞争力,它们迫切需要有胜任能力的社会工作专业人才。为此,社工机构更倾向于获得"全能型"社会工作专业人才,这是笔者在另一项研究中的结论之一。该研究表明,社工机构虽然愿意花时间慢慢培养社工,但是更希望获得"来则能战、战无不胜"的全能型社工人才,提出了社工应具备的四项能力:事务性能力、直接服务能力、社会服务管理能力和核心价值观。事务性能力是指社工人才妥善应对社工机构内通常意义上的日常行政事务的能力;直接服务能力是指社工人才运用社会工作专业理念、价值伦理、理论、工作方法和技巧提供专业的社会服务,以满足服务对象需要的能力;社会服务管理能

① 资料来源:"中华人民共和国民政部/政策法规/社会工作":http://www.mca.gov.cn.
② 王思斌、阮曾媛琪、史柏年主编:《中国社会工作教育的发展》,北京大学出版社2014年版,第48、60页。

力是指社工人才管理、运作和统筹社工机构中人、财、物等方方面面的综合能力;核心价值观是社工机构最关注的社工人才必须具备的能力,要"有心"从事社会工作事业和敏感于服务对象。依据机构类型和岗位设置不同,他们对社工人才能力的要求分别是:自主型社工机构(如上海公益社工师事务所),政府主导型社工机构(如上海阳光社区青少年事务中心),伴生型社工机构(如上海儿童福利院)。伴生型社工机构和政府主导型社工机构已根据不同的社工岗位对其能力素质提出要求,自主型社工机构则更倾向于获得"全能型"的社工人才。三类社工机构均认为社工人才的核心价值观即对社会工作专业、服务人群和机构理念的认同是第一位的,其他能力可以逐渐培养。[①]

费梅苹在对上海市预防和减少犯罪工作体系的研究中,发现社会工作专业人才能力的发展经历了四个阶段。[②] 费梅苹认为,青少年事务社工应具备的能力有"能够观察和有技巧地聆听,注意行为、感受和态度,错漏和不一致等","能够从语言及非语言沟通,以及利用此来促进整个专业关系","评估可运用的资源、社会网络和支持系统","能够选择、整理、制作服务记录和报告并且将它们适宜地运用在不同的目的上"等[③]。

这两项研究不仅回应了笔者的研究,更从机构发展和需要的角度进一步细分了青少年社工的能力。

由此可见,社工机构需要"全能型"的人才,而这个专业人才的培养需要社会工作专业教育和社工机构的共同合作。众所周知,能力的培养并非一蹴而就,需要分阶段和分内容地实现。社会工作专业教育和社工机构对社工能力的培养也需要分步进行:社会工作专业教育是社工专业人才能力培养的第一阶段,它培养社工的通识性能力、基本的能力;社工机构是社工专业人才能力培养的第二阶段,它根据机构或人群特质培养社工的专业领域能力。然而,从目前情况来看,我国社会工作专业教育尚未形成作为专业基础的通识性的能力标准。

(三) 学生的实践表现:专业教育中"实习任务化"到"能力为本"的突破

学生是未来的社会工作专业人才,他们是专业教育中的主体之一。社会工作是一门实务性和操作性很强的学科,学生在实践中的表现是他

① 蔡屹、何雪松:"社会工作人才的三维能力模型——基于社工机构的质性研究",载《华东理工大学学报(社会科学版)》2012 年第 4 期。

② 费梅苹:"社会工作专业人才能力建设的路径研究——基于上海预防和减少犯罪工作体系中社会工作实践的反思",载《华东理工大学学报(社会科学版)》2012 年第 4 期。

③ 费梅苹:"上海青少年社会工作者专业能力建设的行动研究",载《华东理工大学学报(社会科学版)》2007 年第 4 期。

们专业能力的力证。然而，以学生为主体的专业教育研究却较少。梁莹对江苏省7所高校342名社会工作硕士进行了问卷调查，分析了社会工作硕士教学中培养目标、课程设置、专业教材、教学形式等方面的现状与问题。[①] 受限于研究方法，该研究并未对学生的实践表现进行深入探讨。有鉴于此，笔者对H大学的54名社会工作硕士进行了访谈，聚焦于他们的实践学习。

社会工作实践旨在以实习任务为载体，帮助学生实现专业成长，使他们胜任优质服务，满足社会对社会工作专业人才的需要。因而，在学生实践的过程中，专业知识的习得和巩固是首要目标。在实践中安排实习任务的目的也是为了帮助学生更好地掌握专业知识、价值及技巧。实践任务和专业知识、价值及技巧之间需要达到平衡，不可厚此薄彼。实践任务和专业知识、价值及技巧的关系是数量和质量之间的关系。但是，由于能力有限，学生往往会顾此失彼，或重量不重质，在实践学习中表现出"实习任务化"的趋势——自动将完成实习任务作为首要目标，益于专业知识、价值及技巧的习得和巩固则退而求其次。专业教育中的实践目标被学生做了简单化的处理，以致培养目标出现偏差，培养效果可想而知。

笔者发现受访的54名学生中，在"实习任务化"目标的作用下，为了方便实践教育的完成，他们自动发展了相应的实习策略——三"总"现象：(1)总在"某个"机构实习，超过1/3的学生是在同一家机构完成实践教育的。(2)总和"某人"一起实习，约1/2的学生自觉组成了"固定的"实践小组。(3)总是集中在"某些"机构实习，54名学生仅在33家机构开展实践。究其原因有三：(1)学生的专业水平参差不齐。依据地域和本科专业，学生可划分为本地本专业学生、外地本专业学生、本地外专业学生和外地外专业学生。仅以实习小时数为例，中国社会工作教育协会提出实习应达到800小时，这基本上是国际社会工作专业的最低要求。即便如此，实习时间在800小时及以上者占52.7%，也就是说，在我国开设社会工作专业的院校中，只有一半多一点的院校执行了教指委认定的实习标准。[②] 学生专业能力状况由此可窥一斑。(2)硕士生导师的影响。这又可分为"去硕导领办的机构"和"去与硕导研究领域相关的、有长期合作关系的机构"。特别是前者的影响，笔者认为这具有双面效应：一方

① 梁莹："中国社会工作硕士教学之现状与困境"，载《学海》2014年第4期。

② 王思斌、阮曾媛琪、史柏年主编：《中国社会工作教育的发展》，北京大学出版社2014年版，第107页。

面,高校教师领办创办的机构作为中国社会工作专业化的理性选择,[①]其目的和动机是多元的,包括获得实务经验、落实学生实习、提供社会服务、促进学生就业、留住专业毕业生、发展学科专业、探求多元发展等。[②]另一方面,它实际上限制了学生的视野和实习的范围。在受访的54名学生中,有硕导领办机构的学生几乎均被"建议"在导师机构中实习。(3)社会的高期待。专业教育的升级回应了社会对高级社会工作人才的迫切需求。2009年,全国33所高校开始招收第一批社会工作专业硕士。同时,社会服务项目化运作的主流趋势对社会工作人才的专业能力也提出了更高的要求,机构迫切需要全能型的人才。目前,社会服务项目化运作的周期一般为1年,经粗略计算,扣除前期准备和后期评估的时间,真正能实施服务的时间约在10个月左右。这就意味着社会工作专业人才要有能力在这规定的时间内,不仅完成项目标的,更要呈现服务成效,以期获得后续发展。社会工作专业人才的工作内容涉及项目化运作的方方面面,如撰写招投标书、实施项目、参与评估和链接资源等。

综上所述,专业教育中的社会工作实践是一种功能性的活动。它要求学生具备相应的专业能力,在实践过程中可以结合个人特征、专业知识、实习任务和实习小时数等形成可选择性的组合,并从中选择专业成长最大化的一个集合开展实践。然而,由于能力有限,学生无法在实践学习中自由地形成这些可供选择的组合,更罔顾其他。因此,笔者认为建构"能力为本"的培养体系,将突破专业教育中"实习任务化"的困境,回归实践教育的宗旨。

(四)小结

在社会工作专业人才培养的过程中,专业教育有着举足轻重的作用。专业教育与宏观环境、机构和学生三者之间的交互作用,共同构成社会工作人才培养能力体系的现实基础是:(1)社会工作专业人才队伍建设的大发展对社会工作专业教育提出了大规模和高质量的要求;(2)社工机构渴望获得有能力的社会工作专业人才,且该能力的培养需要专业教育和社工机构合作完成;(3)学生"实习任务化"背后是专业教育中对能力培养的忽视;(4)社会服务项目化运作的趋势,对于时间、服务数量、服务质量和服务成效的关注,成为现阶段专业教育培养社工能力的重要内容之一;(5)专业教育中高校教师领办机构导致的硬币效应;(6)专业教育参差不齐

① 史柏年:"教师领办服务机构:中国社会工作专业化的理性选择",载《华东理工大学学报(社会科学版)》2013年第3期。

② 王思斌:"高校教师领办社会工作机构的叠错现象分析",载《广州工业大学学报(社会科学版)》2013年第4期。

的发展现状。基于这样的现实基础，笔者认为，当务之急是建构我国专业教育中的能力体系，能力视角为社会工作专业人才的培养提供了新策略。

三、“能力为本”社会工作实践学习模式的建构：以社会工作硕士人才为例

社会工作硕士是社会工作专业教育中的重要组成部分。在美国，社会工作硕士课程设计需要严格遵循美国社会工作教育委员会的标准，即硕士阶段的社会工作教育不但需要有基础课程，还需要有体现专业方向的高级课程，且课程内容必须表明学生可从课程中习得 CSWE 提出的核心能力。① 相应地，参考境外成熟的办学经验，我国也制定了《社会工作硕士专业学位指导性培养方案》，在培养目标、招生对象及入学考试方法、学习年限、培养方式、专业学位课程设置等方面做出了明确的规定②，但是，却尚未提出贯穿始终的核心能力。有鉴于此，笔者以我国社会工作现实环境为基础，依托实践教育的再设计，尝试建构了“能力为本”的社会工作专业人才培养实践体系(见图 1)。

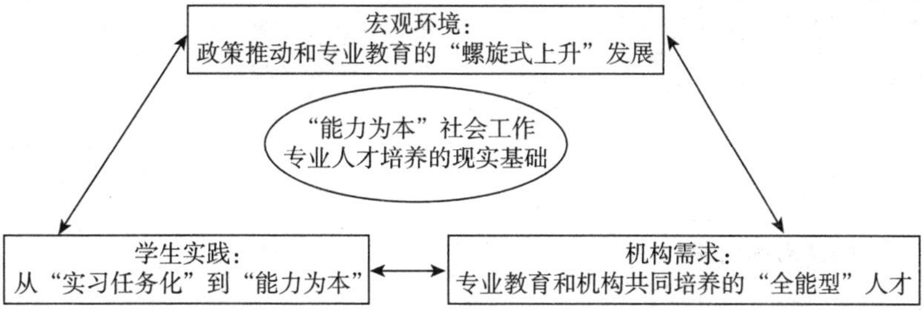

图 1 “能力为本”社会工作专业人才培养的现实基础

(一)“能力为本”的社会工作专业硕士实践的培养体系

社会工作专业人才能力的界定是个仁者见仁、智者见智的过程。冯燕在探讨社会工作核心能力培养的报告中指出，能力应包括三个层面，分别是价值观、知识与技术。换句话说，若要把事情完成或做好，首先要具备愿意把事情做好的心态(重要价值)，接着要知道如何去做(知识)，再就是能使用将事情做好的方法(技术)，且三者缺一不可。③

---

① 罗艳：“美国亚利桑那州立大学社会工作硕士项目培养方案探析”，载《社会工作》2014 年第 6 期。

② 中国学位与研究生教育信息网《社会工作硕士专业学位指导性培养方案》：http://www.chinadegrees.cn/xw-yyjsjyxx/gjjl/szfa/shgzss/xgjs/275982.shtml.

③ 冯燕：“社会工作专业核心能力的养成——台湾社会工作教育的新页”，引自“2009 年华人社会工作教育国际研讨会：华人社会工作的核心能力”。

在实践的基础之上，笔者参考了较为权威的 CSWE 能力标准，提出了"优、精、速、新、思"能力体系，见表 1。本能力体系不仅对能力内容进行了界定，同时，还提供了培养策略。它们分别是：

1. 优，即突出时间限制下资源统筹优化的能力；

2. 精，即强调系统训练对专业经验提炼和积累的重要性，从而具备有效运用社会工作方法的能力；

3. 速，即关注服务的基础，能快速建立专业关系的能力；

4. 新，即注重服务创新能力和知识更新的自我学习能力；

5. 思，即反思个人的自我认识、价值/伦理实践和知识运用的能力。

社会工作专业人才掌握能力体系和胜任优质服务之间的关系可以概括为：如果社会工作专业人才具备"优、精、速"三项能力，那么他们将轻松达成服务数量的要求；如果社会工作专业人才在前者的基础之上，还具备"新、思"两项能力，那么他们将不仅能完成服务数量的要求，更能提供具有品质的优质服务。

表 1　社会工作专业人才培养的能力体系

<table>
<tr><th colspan="2">社会工作专业人才培养的能力体系</th><th rowspan="2">美国社会工作教育协会(CSWE)
(2015)</th></tr>
<tr><th>成效</th><th>策略和内容</th></tr>
<tr><td rowspan="9">服务数量</td><td>1.优</td><td rowspan="3"></td></tr>
<tr><td>1.1 资源优化的能力</td></tr>
<tr><td><u>1.1.1 时间统筹</u>
1.1.2 人力资源管理
1.1.3 社会资源链接</td></tr>
<tr><td>2.精</td><td rowspan="3">(7)预估个人、家庭、群体、组织和社区(Assess Individuals, Families, Groups, Organizations, and Communities)
(8)介入服务于个人、家庭、群体、组织和社区(Intervene with Individuals, Families, Groups, Organizations, and Communities)
(9)评估实务中个人、家庭、群体、组织和社区的服务成效(Evaluate Practice with Individuals, Families, Groups, Organizations, and Communities)</td></tr>
<tr><td>2.1 工作方法运用的能力</td></tr>
<tr><td>2.1.1 个案工作运用
2.1.2 小组工作运用
2.1.3 社区工作运用
<u>2.1.4 项目化运作</u></td></tr>
<tr><td>3.速</td><td rowspan="3">(2)鼓励实践中的多元性和差异性(Engage Diversity and Difference in Practice)
(6)增进对个人、家庭、群体、组织和社区的了解(Engage with Individuals, Families, Groups, Organizations, and Communities)</td></tr>
<tr><td>3.1 专业关系建立的能力</td></tr>
<tr><td>3.1.1 服务对象系统
3.1.2 机构系统
3.1.3 社会系统</td></tr>
</table>

（续表）

社会工作专业人才培养的能力体系		美国社会工作教育协会(CSWE)(2015)
成效	策略和内容	
服务质量	4.新	
	4.1 服务创新的能力	
	4.1.1 服务创新及实施 *4.1.2 品牌服务的持续*	
	4.2 自我学习的能力	
	4.2.1 交叉学科的知识 4.2.2 实务研究的发展	（4）整合研究—实务（Practice-informed Research and Research-informed Practice）
	5.思	（1）具有专业的伦理和行为（Demonstrate Ethical and Professional Behavior）
	5.1 专业认同	
	5.1.1 自我成长与突破 5.1.2 专业信念的内化	
	5.2 价值观和伦理的实践	
	5.2.1 专业价值观的实践及本土化 5.2.2 专业伦理的实践及本土化	
	5.3 知识运用的能力	（3）倡导实践中的人权、社会、经济和环境的公平公正（Advance Human Rights and Social, Economic, and Environmental Justice Engage in Practice） （5）参与政策的实践（Engage in Policy Practice）
	5.3.1 社会政策及服务的运用和倡导 5.3.2 理论—实践的整合及反思	

说明：本能力体系是基于我国社会工作专业才人才培养的现实基础，参考了较为权威的 CSWE 能力标准。其中，***用下画线加粗斜体标示的能力标准***是对我国现阶段能力的特殊需要而做出的具有针对性的回应

（二）"能力为本"社会工作专业人才培养的实践学习模式

"能力为本"社会工作专业人才培养的实践学习模式就是要训练社会工作硕士"有能力获得一定范围内'功能性活动'的东西"。功能性活动是一种功能被界定为一种活动，即一个人所做的某种事情。[①] 个人的

① ［英］G.A.柯亨："什么的平等？论福利、善和能力"，载［印］阿玛蒂亚・森、［美］玛莎・努斯鲍姆主编：《生活质量》，社会科学文献出版社 2008 年版，第 25 页。

能力取决于各种因素,包括个人的特性和社会的安排。[①] 因而,经过设计,回应能力提升的实践学习模块就是这些"功能性活动",也是决定能力的重要因素。

"能力为本"社会工作专业人才培养的实践学习模式设计如下:

1. 实践学习模式的小时数:按 1 000 小时的实习时间进行设计。这些小时数的规定不仅仅是"度过了这些时间",更重要的是"在这些时间里经历了什么"。每一次经历都可能成为一次成长提升和能力建设的过程,或者相反,导致更多的防备心理和逃避状态,以及现有能力的减弱。[②] 社会工作硕士研究生的实践学习从入学的第一学期开始,持续 3 个学期。根据国际惯例,社会工作硕士必须经过 800—1 000 小时的实务训练方可毕业。例如美国社会工作教育协会(CSWE)规定社会工作硕士教育必须完成至少 900 小时的实习[③];香港社会工作者注册局规定,具有学历背景的注册社工必须拥有至少 800 小时的实习和完成至少 100 小时相关工作坊的学习。[④]

2. 实践学习模式的培养目标:《社会工作硕士专业学位指导性培养方案》的培养目标,即"培养德、智、体全面发展,具有'以人为本、助人自助、公平公正'的专业价值观,掌握社会工作的理论和方法,熟悉我国社会政策,具备较强的社会服务策划、执行、督导、评估和研究能力,胜任针对不同人群及领域的社会服务与社会管理的应用型高级专业人才"。[⑤]

3. 实践学习模式的四个模块:自我成长、实务研究、项目化运作和综合实习(见表 2)。实践学习模式的四个模块可以"有目的性地创造"出实务能力提升所需要的"各种经历"。然而,经历是一把"双刃剑"——积极的经历可以提升能力,消极的经历会使能力降低或萎缩。因此,实践学习模式的设计就显得尤为重要,它至少能让学生获得正向的、积极的专业知识运用的经验;能发挥学生的特质;能满足社会服务发展的需要。

---

① [印]阿玛蒂亚·森:"能力与福祉",载[印]阿玛蒂亚·森、[美]玛莎·努斯鲍姆主编:《生活质量》,社会科学文献出版社 2008 年版,第 39 页。

② [英]帕梅拉·特里维西克:《社会工作技巧实践手册(第二版)》,格致出版社 2010 年版,第 6 页。

③ 美国社会工作教育协会:http://www.cswe.org/File.aspx? id=81660.

④ 香港社会工作者注册局:http://www.swrb.org.hk/chiasp/criteria_c.asp.

⑤ 中国学位与研究生教育信息网《社会工作硕士专业学位指导性培养方案》:http://www.chinadegrees.cn/xwyyjsjyxx/gjjl/szfa/shgzss/xgjs/275982.shtml.

表 2　实践学习模式四个模块

模块	目标	内容	形式	小时数	学期
自我成长	实现过往专业经验的正向转化，确立能力基线，拓展专业学习的理念和策略	1.确立基线：专业学习的起点； 2.基线以上：专业学习的无限空间； 3.自我实践能力评估； 4.自我实践能力提升计划	工作坊	12	MSW 一年级；第一学期；第 1—4 周
实务研究	以实务研究为学习策略，在提升专业能力的同时丰富专业知识、反思理论与实务之间的关系等	1.聆听生命的故事：志愿者服务； 2.纵与横：社会工作的发展； 3.交换人生：人群的 PV 研究； 4.拼图：社会工作者可运用的资源	工作坊；小组实践	108	MSW 一年级；第一学期；第 5—20 周
项目化运作	以项目化运作为载体，在实战训练的过程中提升专业能力，并鼓励创造性地运用相关知识和资源	成功运作 1 个项目： 1.掌握社会服务项目的相关知识； 2.成功运作项目：设计、实施、评估	工作坊；小组实践	120	MSW 一年级；第二学期；第 1—20 周
综合实习	通过直接服务和间接服务，巩固和再提升专业能力，成为胜任优质服务的准工作者	1.直接服务 个案工作，1 个； 小组工作，1 个； 社区工作，1 个； 2.间接服务 研究报告，1 篇； 项目设计，1 个； 行政工作，若干	工作坊；独立实践；个别督导	760	MSW 二年级；第一学期；第 1—20 周

(1) 自我成长

该模块旨在帮助学生正向转化过往经验，确立能力基线，拓展专业学习的理念。模块内容包括 4 部分：1)确立基线——专业学习的起点；2)基线以上——专业学习的无限空间;3)自我实践能力评估;4)自我实践能力提升计划。

(2) 实务研究

实务研究是国际社会工作发展的新趋势,是以"证据为本的实践",并建立知识为导向的社会工作教育和实践方面有意义且有效的框架。[①]该模块以实务研究为学习策略,社会工作硕士以组为单位,在提升能力的同时丰富专业知识、引导反思理论与实务之间的关系等。模块内容包括4部分:1)聆听生命的故事——志愿者服务;2)纵与横——社会工作的发展;3)交换人生——人群的PV研究;4)拼图——社会工作者可运用的资源。

(3) 项目化运作

项目化运作是我国社会服务发展的趋势。该模块以项目化运作为载体,在实战训练的过程中提升专业能力,并鼓励创造性地运用相关知识和资源。它要求社会工作硕士以组为单位,在现实社会环境中,完成从设计到实施项目化运作的全过程。该模块的实践内容只有1项,即要求成功运作1个项目。这个成功运作项目是指掌握社会服务项目的相关知识,在规定时间内完成从设计到评估的整个项目过程。在设计和实施的过程中,这个项目能适当地和创造性地使用社会工作专业的核心理念、价值观/伦理、理论、工作方法、技巧及其他相关知识。

(4) 综合实习

该模块的能力训练是一个巩固和再提升的过程,要求每个社会工作硕士生能独立完成实践。在综合实习模块中,实践内容包括直接服务和间接服务两部分。在直接服务部分,实习生要独立完成个案、小组和社区工作。在间接服务部分,他们要独立完成相关研究报告、项目设计和行政工作等。

(5) 实践学习模式的运用

一个人的能力反映了这个人能够获得的功能性活动的可选择性的组合,他或她可以从组合中选择一个集合。[②]社会工作专业人才能力的培养是个逐步提升的过程,能依托实践模块来完成。根据社会工作专业人才能力培养的不同需要,四个实践模块可以进行创造性组合。这种组合应用至少有四种。

---

① [英]布莱恩·科尔比:《社会工作研究的实践应用》,刘东、李翠、严成芬译,格致出版社2010年版,第27页。

② [印]阿玛蒂亚·森:"能力与福祉",载[印]阿玛蒂亚·森、[美]玛莎·努斯鲍姆主编:《生活质量》,社会科学文献出版社2008年版,第37页。

1）并行运用，即视 4 个模块为并行关系，能力的提升与每个模块的知识点一一对应。如图 2 所示。

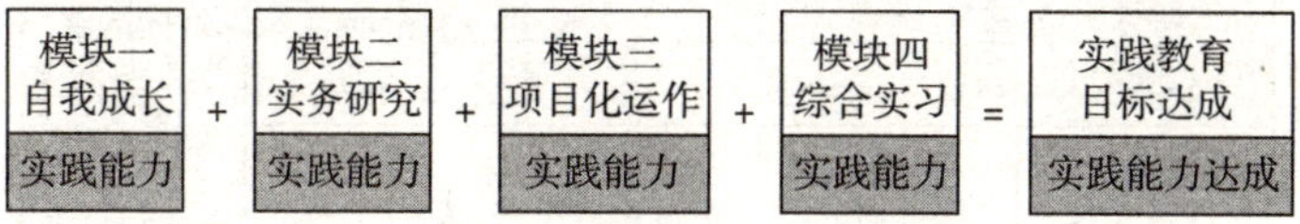

图 2　实践学习模式运用一：并行运用

2）递进运用，即视 4 个模块之间存在一种内在的递进关系，能力的提升与每个模块的知识呈同步递增的趋势。如图 3 所示。如项目化运作模块要求必须使用实务研究模块所学的知识，进而在后者基础上巩固和提升能力。

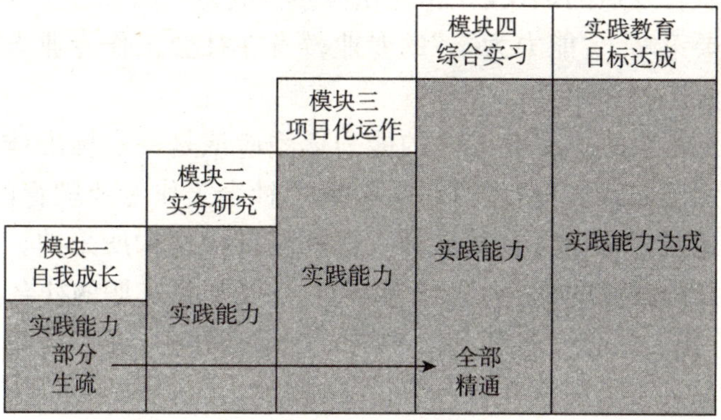

图 3　实践学习模式运用二：递进运用

3）阶段性运用，即自我成长、实务研究和项目化运作是第一阶段，该阶段目标是习得社会工作专业人才的相应能力；综合实习是第二阶段，该阶段目标是巩固已习得的专业能力。如图 4 所示。

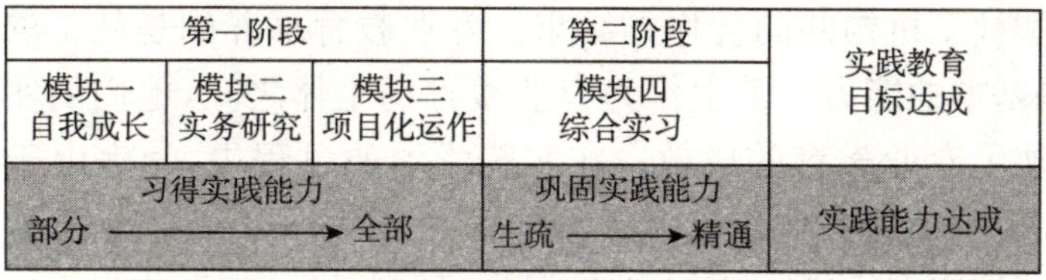

图 4　实践学习模式运用三：阶段性运用

4）理论—实践运用，即选取一/两种理论，贯穿实践的过程。在自我成长模块中，学生有能力辨识理论取向。在实务研究、项目化运作和综合实习模块中，能力的提升是在理论指导下完成实践。如图 5 所示。

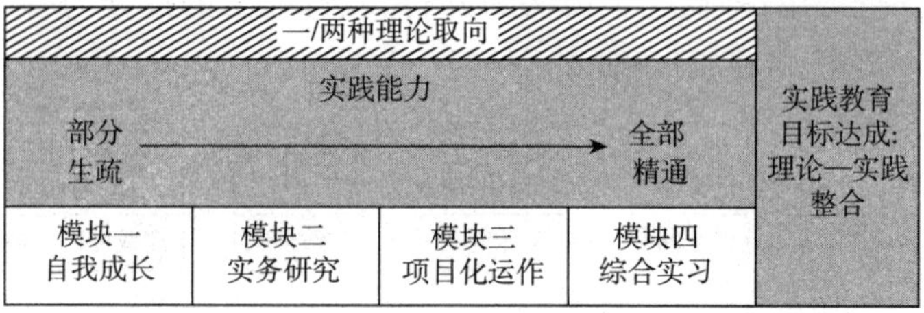

图 5　实践学习模式运用四:理论—实践运用

四、结语

"能力为本"的社会工作实践学习模式的提出,不仅是对近十年国际社会工作教育发展的热议话题的回应,亦将成为我国社会工作专业人才培养的重要策略。"能力为本"的专业教育在社会工作专业人才培养中起着举足轻重的作用。

理想的社会工作专业人才的能力体系应该是一套标准体系。它不仅可以应用于实践教育,也可以贯穿整个社会工作专业教育的始终,更可以通过适当修整而具有领域和人群的特征被机构所采纳。它适用的对象既可以是在读的社会工作专业学生,又可以是在职的社会工作者。

同时,我国社会工作专业人才能力体系的建构,需要与我国社会服务领域的现实需求和发展相结合。我国"能力为本"社会工作专业人才培养的现实基础是由专业教育与宏观社会、社工机构需求和学生实践相互影响、共同构成的。在宏观层面,我国社会工作的发展是专业教育和社会政策交互作用的结果,呈"螺旋式上升"的发展趋势。从社工机构的需求来看,他们需要"全能型"的社工人才,同时,他们也愿意花时间和精力培养专业人才。因此,社工机构所需要的"全能型"人才是社会工作专业教育和社工机构共同合作的结果。专业教育培养的是社工的通识性能力,是基本的能力。学生作为专业教育的主体之一,他们的实践表现直接反映了专业教育的成效。在实践学习的过程中,学生由于能力不足,无法妥善处理自身专业水平参差不齐、硕导领办机构的影响和社会"高期待"等诸多挑战,进而主动发展出了"三总"策略以应对专业实践的要求,"实习任务化"的结果干扰了专业教育的成效。因此,"能力为本"的实践学习模式是对我国专业教育需求和困境的积极回应。其他国家和各地区的经验也显示,虽然,普遍以 CSWE 的核心能力为标准,但是,在专业教育实践的过程中,还需要结合当地社会发展和学校特色,设置相关专业教育课程。

最后，实践学习模式中的能力体系不仅是能力标准，而且提供了“优、精、速、新、思”的能力培养策略。以“能力为本”的实践学习模式包括四个模块：自我成长、实务研究、项目化运作和综合实习。通过围绕能力的提升，模块间可以自由组合，最终达成培养目标。

模块一　自我成长

社会工作是一门专业，也是一门职业。职业的选择是一个重要的问题，并不是每一个人都适合成为一名社会工作者的。[①] 目前，在就读社会工作硕士的过程中，大多数学生对将来是否成为一名社会工作者还处于摇摆状态。他们需要通过实践来获得经验，得到专业群体的认同，从而更好地认清自己。理想的实践将帮助各类学生——有“心”成为社工的学生具备相应的实践能力；通过积累实践能力，使“心在摇摆”的学生坚定意志；通过不同“人生碰撞”、积极的实务经历和价值反思，激发“潜在的心”——最终选择成为一名专业社工。

因此，在开始实践前，学生们需要更好地了解自己。他们需要对下述问题做出回答：作为一名社会工作者，应具备怎样的社会工作知识和实务能力？现在自己已经积累了多少社会工作专业的知识和实务能力？对自己在未来专业上的发展有怎样的期望？如何结合实习、实践逐步实现专业成长……在自我成长部分，学生们将试图寻找到这些问题的答案。

一、实践目的

（一）梳理本科阶段学习的知识和实务经验，确定社会工作硕士实践能力的基线。

（二）引入学科交叉的理念，了解社会工作者的知识是由社会工作专业知识和跨学科知识交叉组合而成，进而完善社会工作硕士实践能力的

---

① ［美］戴维·罗伊斯、苏瑞提·S.多培尔、伊丽莎白·L.罗姆菲：《社会工作实习指导（第四版）》，屈勇译，中国人民大学出版社 2005 年版，第 2 页。

知识结构。

（三）尝试明确社会工作理论的取向。

（四）完成社会工作硕士实践能力的初评和自我成长计划。

二、实践安排

（一）实践时间：研究生一年级第一学期，第 1 周到第 4 周。

（二）实践形式：(1)工作坊：每次 3 小时，共 4 次；(2)自由分组。

（三）实践小时数：12 小时。

三、实践内容

（一）确立基线：专业实践能力的起点。

（二）基线之上：专业实践能力提升的无限空间。

（三）“能力为本”社会工作硕士学习实践的评估。

（四）“能力为本”社会工作硕士学习实践的提升计划。

第一节　确立基线：专业实践能力的起点

一、实践练习：我的专业简历

（一）实践步骤

1. 请按照简历的格式，撰写本科专业课程和实务经验。（参见资料 1.1）

2. 请按专业将简历写在白板/电脑上，包括所有学生的信息。（参见资料 1.2，1.3）

（二）讨论问题

1. 当你撰写个人本科学习简历的时候，你想到了什么？为什么？

2. 当你看到所有人的简历汇总后，你想到了什么？为什么？

3. 同学们之间的本科学习经验有何异同之处？这些异同对你有何启发？

4. 本科学习过程中，你已具备的社会工作实践能力有哪些？

（三）分享

1. 专业背景异同及启发：社会工作专业和非社会工作专业；

2. 课程设置异同及启发：专业方案中的规定课程和高校/地域特色；

3. 实务经验异同及启发:公益领域、商业领域和政府部门;
4. 确定社会工作专业硕士的专业实践能力基础。

二、教学要点(供参考)

(一) 了解社会工作专业的共性要求,确定专业基础。如,专业课程知识和实务经验。

(二) 拓展专业学习的思路。如,除了为弱势人群提供直接服务,社工还可以做些什么?为什么?

(三) 习得将问题转化成优势的思维方式。如,该如何正确看待实务经验上的不足?该如何看待非社会工作本科专业的经历?

(四) 传递从生活和学习中亦可累积专业实践能力的理念。如,肯定学生的快速反应——将生活中运用网络获取所需信息的能力运用于实践练习中。

三、资料

(一) 个人的专业简历(模板)。

(二) 社会工作硕士专业简历汇总。

资料 1.1

个人的专业简历

<table>
<tr><td>姓名</td><td></td><td>性别</td><td></td><td rowspan="5">照片</td></tr>
<tr><td>出生年月</td><td></td><td>民族</td><td></td></tr>
<tr><td>籍贯</td><td></td><td>毕业院校</td><td></td></tr>
<tr><td>政治面貌</td><td></td><td>专业</td><td></td></tr>
<tr><td>学历</td><td></td><td>邮编</td><td></td></tr>
<tr><td>联系电话</td><td></td><td>电子邮件</td><td colspan="2"></td></tr>
<tr><td>地址</td><td colspan="4"></td></tr>
<tr><td colspan="5">专业课程</td></tr>
<tr><td colspan="5"></td></tr>
<tr><td colspan="5">实务经验</td></tr>
<tr><td>社会工作实务经验</td><td>小时数</td><td>非社会工作实务经验</td><td colspan="2">小时数</td></tr>
<tr><td></td><td></td><td></td><td colspan="2"></td></tr>
<tr><td colspan="5">个人的专业收获</td></tr>
<tr><td colspan="5"></td></tr>
</table>

资料 1.2

社会工作硕士专业简历汇总（照片）[①]

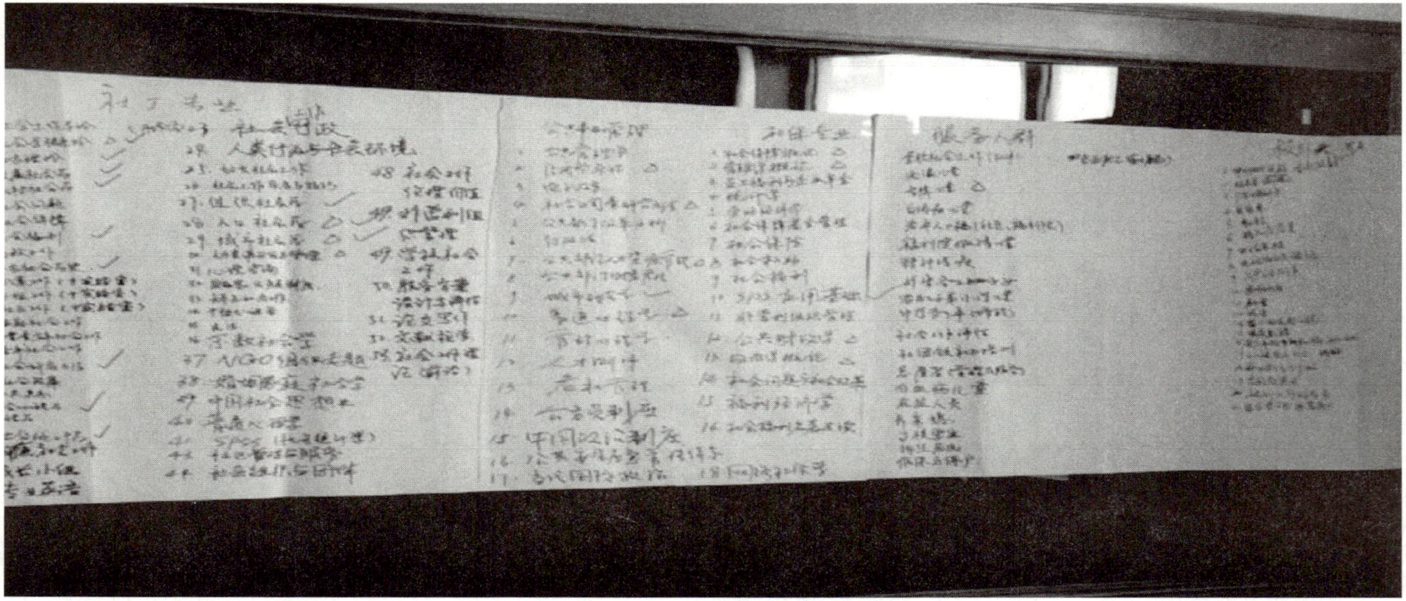

① 资料来源：华东理工大学社会工作硕士专业 2013 级学生本科专业简历汇总。

资料 1.3

社会工作硕士专业简历汇总（文字）

专业知识[1]				实务经验			
社会工作专业课程	非社会工作专业课程			社会工作实务经验	非社会工作实务经验		
	市场营销	教育学	……		商业	教育	……
社会工作概论	市场营销学	普通心理学		老人服务	销售	家教	
社会学概论	消费者行为学	发展心理学	……	流动儿童服务	派发传单	青少年培训	……
社会心理学	市场调查	教育心理学		自闭症儿童服务	公司 HR 助理	机构班主任	
个案社会工作	销售管理	教育概论		医务社会工作	银行大厅引导员	……	
小组社会工作	广告学	教学论		学校社会工作	……		
社区社会工作	国际市场营销	课程论		福利院孤残儿童服务			
社会工作行政	商务谈判	德育原理		农民工子弟小学服务			
人类行为与社会环境	电子商务	教育社会学		在监人员服务			
社会政策概论	网络营销	中国教育史		低保户居民服务			
社会保障概论	物流管理	外国教育史		高校学生服务			
社会工作专业实习	课程实习	教育见习		外来媳服务			
社会调查研究	毕业实习	教育实习		社会工作评估			
个案社会工作实验	市场营销模拟实验	教育调查		社团领袖培训			
小组社会工作实验							
社区社会工作实验							
学校社会工作							
青少年社会工作							
社区矫正社会工作							
老年社会工作							
……							

① 中华人民共和国教育部高等教育司编:《普通高等学校本科专业目录和专业介绍(2012)》,高等教育出版社 2012 年版,第 71、327、78 页。

第二节 基线之上：专业实践能力提升的无限空间

一、实践练习：社会工作硕士知识结构的鱼骨图

（一）实践步骤

1. 请分析社会工作硕士的知识结构。（参见资料 1.4，1.5）

2. 了解鱼骨图的知识。（参见资料 1.6）

3. 请再次分析社会工作硕士的知识结构，完成“社会工作硕士知识结构的鱼骨图”。（参见资料 1.7）

（二）讨论问题

1. 请问你是如何看待本科学习的知识基础和实务经验的？它们是社会工作硕士学习的“上限”还是“下限”？为什么？

2. 请问社会工作硕士的知识结构是怎样的？为什么？

3. 请问从社会工作硕士的知识结构中反映出其应具备的实践能力有哪些？为什么？

（三）分享

1. 本科经历是社会工作硕士学习的“下限”。

2. 社会工作硕士在掌握社会工作专业知识的同时，要具备交叉学科的知识。

3. 社会工作硕士要具备将交叉学科知识转换为实践能力的能力。

4. 社会工作需要跨专业的复合型人才。

二、教学要点(供参考)

（一）确定本科(社会工作专业或非社会工作专业)经历是社会工作硕士实践能力的“下限”。这个“下限”包括个人实践能力基线和全班同学的实践能力基线。两者会存在或高、或相等、或低的情况。无论是哪种情况，对于社会工作硕士而言，他们实践能力依然存在无限提升的空间。

（二）通过鱼骨图的分析，了解社会工作硕士掌握并灵活应用交叉学科知识的重要性。

（三）尝试提炼社会工作硕士的实践能力。

三、资料

（一）社会工作硕士的知识结构。

（二）鱼骨图。

（三）社会工作硕士知识结构的鱼骨图。

资料1.4　社会工作硕士的知识结构(一)

社会工作硕士专业学位指导性培养方案①

2012年7月19日

基于我国经济与社会发展需要,遵循社会工作学科研究生教育一般规律,根据专业学位教育特点,借鉴、吸收发达国家和地区高层次社会工作专门人才培养的有益经验,制订本培养方案。

一、学位名称

社会工作硕士专业学位,英文译为“Master of Social Work”,缩写为MSW。

二、培养目标

培养德、智、体全面发展,具有“以人为本、助人自助、公平公正”的专业价值观,掌握社会工作的理论和方法,熟悉我国社会政策,具备较强的社会服务策划、执行、督导、评估和研究能力,胜任针对不同人群及领域的社会服务与社会管理的应用型高级专业人才。

三、招生对象及入学考试方法

招生对象一般为社会工作及相关专业或具有一定社会工作实践经验的其他专业的学士学位获得者。

入学考试实行全国统一组织的统考或联考及招生单位自行组织的专业复试,主要依据考生的考试成绩以及面试情况并结合工作业绩与资历择优录取。

四、学习年限

实行弹性学制。可以全日制学习,也可以非全日制学习。全日制学习期限为2年;非全日制学习期限为2—4年。

五、培养方式

(一)实行学分制。学生必须通过学校组织的规定课程的考试,成绩合格方能取得该门课程的学分;修满规定的学分方能撰写学位论文;学位论文经答辩获得通过可按学位申请程序申请社会工作硕士专业学位。

(二)教学方式采用课程讲授、案例研讨和专业实习等多种形式,重视实践教学。实务课程要配备现代化的多媒体教室、社会工作实验室等硬件设施,要聘请有实践经验的优秀社会工作人才为学生上课或开设讲座,可采用案例分析的方式授课,加强社会工作实务技能的训练,兼顾研究能力的培养。

(三)重视实习环节。要求学生至少有800小时的专业实习。发挥学校督导与机构督导的双重作用,提高实习教学水平。

① 中国学位与研究生教育信息网《社会工作硕士专业学位指导性培养方案》:http://www.chinadegrees.cn/xwyyjsjyxx/gjjl/szfa/shgzss/xgjs/275982.shtml.

（四）成立导师组，发挥集体培养的作用。导师组应以具有指导硕士研究生资格的高级职称人员为主，并吸收社会服务与管理部门的优秀社会工作人才参加；实行双导师制，即学校专职教师与有实际工作经验和研究水平的优秀社会工作人才共同指导。

六、社会工作硕士专业学位课程设置

社会工作硕士专业学位课程的总学分不低于36学分。

（一）必修课

公共必修课

1. 政治理论
2. 外语

专业必修课（不少于12学分）

1. 社会工作理论
2. 社会研究方法
3. 高级社会工作实务
4. 社会工作伦理
5. 社会政策

（二）选修课（不少于8学分，以下课程供参考）

1. 人类行为与社会环境
2. 家庭与家庭服务
3. 贫困与发展
4. 社会服务管理
5. 社会项目管理
6. 社会工作评估
7. 中国社会政策
8. 社会保障制度
9. 社会福利思想
10. 比较社会福利制度
11. 社会统计分析
12. 儿童社会工作
13. 青少年社会工作
14. 老年社会工作
15. 女性社会工作
16. 残疾人社会工作
17. 精神健康服务
18. 学校社会工作
19. 医务社会工作

20. 社会矫正

21. 企业社会工作

22. 农村社会工作

23. 由各个学校根据需要开设的其他社会工作类选修课

（三）社会工作实习(必修，社会工作专业毕业生不少于 600 小时，其他学生不少于 800 小时，6 学分)

实行有专业督导的社会工作实习，可分成同步实习、集中(团块)实习两部分，在两年内完成，分别计学分。

（四）毕业论文(2 学分)

七、学位论文

学生应在导师指导下独立完成学位论文。论文可以是项目设计与评估、实务研究或政策研究，经答辩通过和校学位委员会讨论通过后获得学位。

资料 1.5　社会工作硕士的知识结构(二)

社会工作本科课程和部分高校社会工作硕士课程

本科课程①	华东理工大学社会工作硕士课程②	北京大学社会工作硕士课程③
核心课程	专业必修课	专业必修课
社会工作概论 社会学概论 社会心理学 个案社会工作 小组社会工作 社区社会工作 社会工作行政 人类行为与社会环境 社会政策概论 社会保障概论	社会工作理论 高级社会工作实务 社会工作伦理 社会政策 社会研究方法 社会服务管理	社会学理论 社会研究方法 社会工作实务 社会服务管理 社会政策分析 比较社会福利制度

① 中华人民共和国教育部高等教育司编：《普通高等学校本科专业目录和专业介绍(2012)》，高等教育出版社 2012 年版，第 71 页。

② 资料来源：华东理工大学社会工作硕士(MSW)专业学位研究生培养方案。

③ 资料来源：北京大学社会工作硕士(MSW)专业学位研究生培养方案：http://www.doc88.com/p-391245324744.html.

（续表）

本科课程	华东理工大学社会工作硕士课程	北京大学社会工作硕士课程
主要实践性教学环节	选修课	选修课
社会工作专业实习 社会工作实践活动 社会调查研究	社会工作技巧（实验室） 质性研究 海外专家讲座 社区发展与社会管理 社区照顾 社区矫正 戒毒社会工作 儿童社会工作 青少年社会工作 学校社会工作 家庭社会工作 临床社会工作 社区精神健康 医务社会工作 老年社会工作 项目管理 社会工作督导 社会组织与社会服务评估 社会工作与社会建设 当代社会力量 中国社会思想史名著选读 社会工作名著选读 干预研究 统计分析（初级、中级）	人类发展与社会环境 社会工作理论 社会统计分析 儿童社会工作 老年社会工作 女性社会工作 贫困与发展 精神健康服务 医务社会工作 社会项目管理与评估 中国社会工作与社会政策专题 非营利组织与社会服务专题 社会保障制度 社会福利思想 社区发展 宏观社会工作
主要专业实验	社会工作实习	社会工作实习
个案社会工作实验 小组社会工作实验 社区社会工作实验	实习（一） 实习（二） 实习（三）	实习（一）（实习基地） 实习（二）（实习基地）

资料 1.6　鱼骨图

鱼骨图[①]

鱼骨图又名因果图、石川图、特性要因图，因其形状像鱼的骨架而得名，是一种发现问题原因的方法，用来分析特性与影响特性的可能原因之间的因果关系，它通过追寻原因、寻找对策来促进问题的解决。它是由日本管理大师石川馨先生发明的。它适用于需要找出问题的根本原因时，以及决策者们思维趋于定式时。鱼骨图一般分为两种类型：追求原因型和寻求对策型。

鱼骨图运用的步骤是：

1. 确定所要研究的问题(结果)，将它们写在白纸上，并在其周围画一个框。

2. 画一条水平的箭头线，箭头指向框中的问题(结果)。

3. 共同商讨，通过"头脑风暴"找出产生问题(结果)的主要原因，并在箭头旁边画上"枝干"，写上这些分类。

4. 通过"头脑风暴"对主要原因追根溯源，找出内在的、所有可能的原因，并将这些原因写在各主要原因的分支上。通过原因的细分，最终找到每个主要问题背后的深层次原因。

5. 集中讨论这些原因对整个问题(结果)的影响，按照重要程度对这些原因进行划分，用特殊记号标出其中最重要的原因(可以是一个，也可以是多个)。

6. 针对重要原因实施改进，以求获得最大效益。

① 王波编著:《总经理最喜欢的 77 个经典管理工具》，人民邮电出版社 2011 年版，第 3－6 页。

资料 1.7

社会工作硕士知识结构的鱼骨图

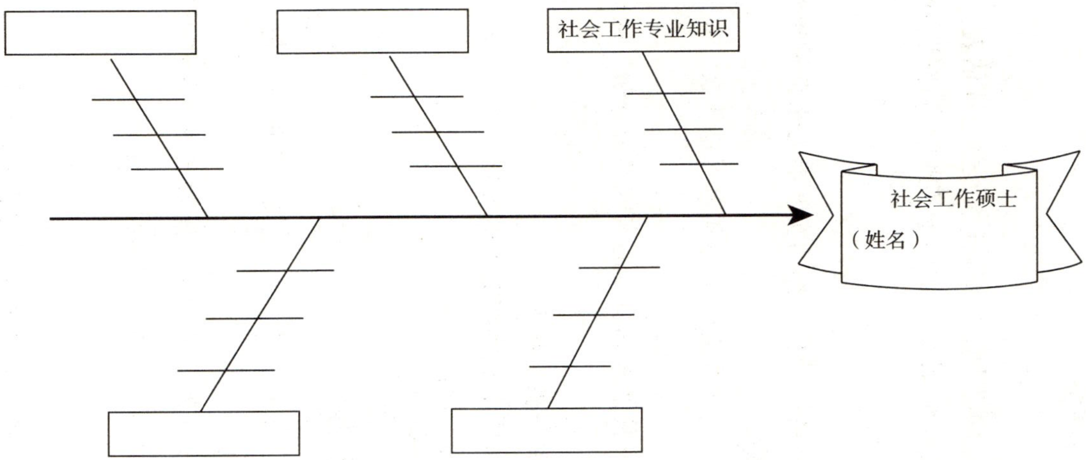

头脑风暴	
	——可以从社会工作专业知识的角度考虑； ——可以从社会工作实务研究的角度考虑； ——可以从学科前沿的角度考虑； ——可以从跨学科的角度考虑； ——可以从社会工作领域/人群特质的角度考虑； ——可以从机构的角度考虑； ——可以从社会文化的角度考虑； ——可以从社会工作者个人特质的角度考虑； ……

第三节 “能力为本”社会工作硕士实践学习的评估

一、实践练习:能力评估

(一) 实践步骤

1. 请完成“能力为本”社会工作硕士实践学习评估表。(参见资料 1.8)

2. 请比较“能力为本”社会工作硕士实践学习评估表的雷达图。(参见资料 1.9)

(二) 讨论问题

1. 你认为你已具备的社会工作的实践能力来自哪里? 天生的,或后天习得的? 请举例说明。

2. 你认为你提升实践能力的优势和阻碍是什么? 对于阻碍,你将如何突破?

3. 你会如何看待其他人和班级的实践能力分值? 为什么?

(三) 分享

1. 了解个人的实践能力水平。
2. 了解社会工作硕士对实践能力的要求。
3. 分辨个人的理论倾向。
4. 认识自我和实现成长。

二、教学要点(供参考)

(一) 启发社会工作硕士认识到,实践能力的获得是一个先天特质和后天习得相结合的过程。

(二) 了解社会工作的知识和实践能力之间存在着相互转换的关系。

(三) 协助学生分辨社会工作理论的取向。

三、资料

(一) “能力为本”社会工作硕士学习实践评估表。

(二) “能力为本”社会工作硕士学习实践的雷达图。

资料 1.8

“能力为本”社会工作硕士学习实践评估表

成效	社会工作硕士能力体系			评分
服务数量	优	1.资源统筹优化的能力	1.1 时间统筹	
			1.2 人力资源管理	
			1.3 社会资源链接	
	精	2.工作方法运用的能力	2.1 个案工作运用	
			2.2 小组工作运用	
			2.3 社区工作运用	
			2.4 项目化运作	
	速	3.专业关系建立的能力	3.1 服务对象系统	
			3.2 机构系统	
			3.3 社会系统	
服务质量	新	4.服务创新的能力	4.1 服务创新及实施	
			4.2 品牌服务的持续	
		5.自我学习的能力	5.1 交叉学科的知识	
			5.2 实务研究的发展	
	思	6.专业认同	6.1 自我的成长和突破	
			6.2 专业信念的内化	
		7.价值观和伦理实践的能力	7.1 专业价值观的实践及本土化	
			7.2 专业伦理的实践及本土化	
		8.知识运用的能力	8.1 社会政策及服务的运用和倡导	
			8.2 理论—实践的整合及反思	
分值(总分 100 分,每项 0～5 分)				

资料 1.9

"能力为本"社会工作硕士实践学习的雷达图

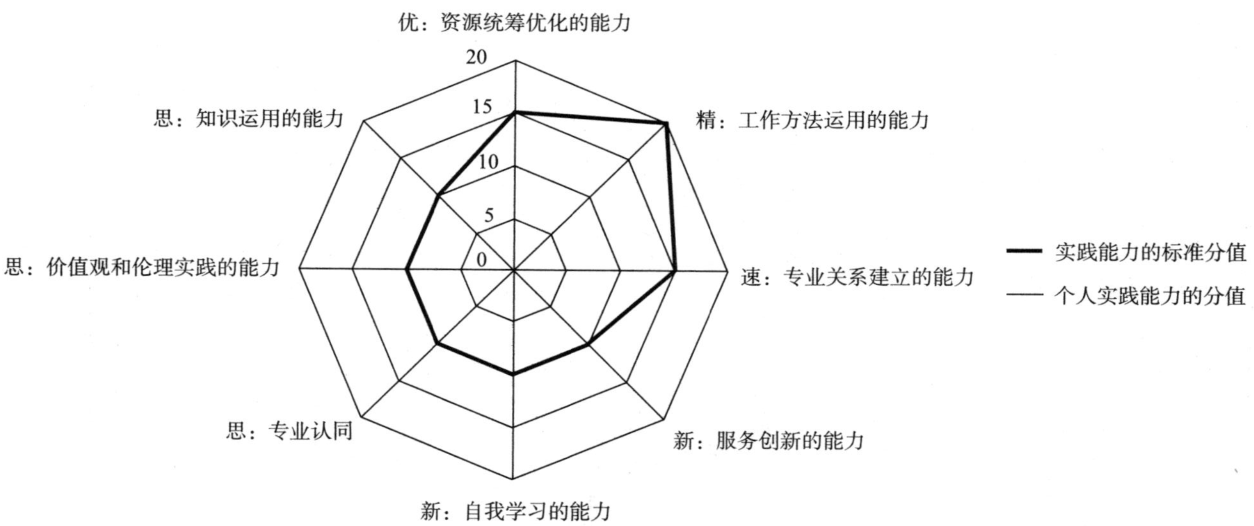

第四节　“能力为本”社会工作硕士实践学习的提升计划

一、实践练习:能力提升计划

（一）实践步骤

1. 思考个人实践能力提升的期望和对策。

2. 了解各实践模块对实践能力的要求。（参见资料 1.10）

3. 结合实践模块的要求和个人评估情况,制订“能力为本”社会工作硕士实践学习的提升计划。（参见资料 1.11）

（二）讨论问题

1. 你为自己制订了怎样的专业成长规划？可自愿分享。

2. 你为自己制订了怎样的实践能力培养的计划？可自愿分享。

（三）分享

1. 实践能力是一个逐渐提升的过程。

2. 个人的发展规划和期望对实践能力的提升有着积极的影响。

3. 实践能力的提升可以依托各实践模块来实现。

4. 提升计划需要定期反省、检视和修订。

二、教学要点(供参考)

（一）帮助学生了解社会工作硕士实践能力的要求。

（二）思考个人的发展期望和规划。

（三）制订可实现的“能力为本”社会工作硕士实践学习的提升计划。

三、资料

（一）“能力为本”社会工作硕士实践学习模式的分阶段提升目标。

（二）“能力为本”社会工作硕士实践学习的提升计划表。

资料 1.10

"能力为本"社会工作硕士实践学习模式的分阶段提升目标

成效		实践能力	实践模块及实践内容	自我成长(12 小时)			实务研究(108 小时)				项目化运作(120 小时)		综合实习(760 小时)					
													直接服务			间接服务		
				确定基线	基线之上	能力评估	聆听生命故事	社工发展	人群探究	宏观社会	项目设计/实施/评估	社工方法的运用	个案	小组	社区	研究	项目	行政
服务数量	优	1. 资源优化的能力	1.1 时间统筹	评估个人时间管理的能力； 设定个人时间管理能力的成长目标；			能按实践目标合理安排实习时间； 能按实践目标达成实习小时数； 培养时间管理能力；				能按实践目标合理安排时间； 能按实践目标达成实习小时数； 具备高效的时间管理的能力；		能按实践目标合理安排时间； 能按实践目标达成实习小时数； 具备高效的时间管理的能力；					
			1.2 人力资源管理	评估个人人力资源管理的能力； 设定个人人力资源管理能力的成长目标；			能按实践目标优化人力资源配置； 培养人力资源管理的能力； 能逐渐形成人力资源管理风格；				能按实践目标优化人力资源配置； 具备人力资源管理的能力； 能形成有效的人力资源管理风格；		能按实践目标优化人力资源配置； 具备灵活的应用人力资源的能力； 能卓有成效地应用人力资源管理风格；					
			1.3 社会资源链接	评估个人社会资源链接的能力； 设定个人社会资源链接能力的成长目标			学会链接社会资源； 能按目标有效地链接资源				学会链接社会资源； 能按目标有效地链接资源		学会链接社会资源； 能按目标有效地链接资源					

（续表）

成效		实践能力 \ 实践模块及实践内容		自我成长（12 小时）			实务研究（108 小时）				项目运作（120 小时）		综合实习（760 小时）
				确定基线	基线之上	能力评估	聆听生命故事	社工发展	人群探究	宏观社会	项目设计/实施/评估	社工方法的运用	直接服务（个案、小组、社区）；间接服务（研究、项目、行政）
服务数量	精	2. 工作方法运用的能力	2.1 个案工作运用	评估个人个案社会工作的能力； 设定个人个案社会工作能力的成长目标；			了解目前个案社会工作服务开展的情况； 反思个案社会工作实践中的突破和限制；				掌握个案社会工作的知识； 能独立或在他人协助下开展个案服务；		掌握个案社会工作的知识； 能独立地、成功地开展个案服务；
			2.2 小组工作运用	评估个人小组社会工作的能力； 设定个人小组社会工作能力的成长目标；			了解目前小组社会工作服务开展的情况； 反思小组社会工作实践中的突破和限制；				掌握小组社会工作的知识； 能独立或在他人协助下开展小组服务；		掌握小组社会工作的知识； 能独立地、成功地开展小组服务；
			2.3 社区工作运用	评估个人社区社会工作的能力； 设定个人社区社会工作能力的成长目标；			了解目前社区社会工作服务开展的情况； 反思社区社会工作实践中的突破和限制；				掌握社区社会工作的知识； 能独立或在他人协助下开展社区服务；		掌握社区社会工作的知识； 能独立地、成功地开展社区服务；
			2.4 项目化运作	评估个人项目化运作的能力； 设定个人项目化运作能力的成长目标			了解目前社会服务项目开展的情况； 反思项目化运作中的突破和限制				掌握项目运作的知识； 能独立或在他人协助下实施项目； 能反思项目与社会工作方法之间的交互作用		掌握项目化运作的知识； 能独立地、成功地实施已有的项目； 能有效地运用项目与社会工作方法之间的交互作用，独立设计出新的项目

（续表）

<table>
<tr><th rowspan="3">成效</th><th rowspan="3" colspan="3">实践模块及实践内容
实践能力</th><th colspan="3">自我成长（12 小时）</th><th colspan="4">实务研究（108 小时）</th><th colspan="2">项目运作（120 小时）</th><th colspan="6">综合实习（760 小时）</th></tr>
<tr><th rowspan="2">确定基线</th><th rowspan="2">基线之上</th><th rowspan="2">能力评估</th><th rowspan="2">聆听生命故事</th><th rowspan="2">社工发展</th><th rowspan="2">人群探究</th><th rowspan="2">宏观社会</th><th rowspan="2">项目设计/实施/评估</th><th rowspan="2">社工方法的运用</th><th colspan="3">直接服务</th><th colspan="3">间接服务</th></tr>
<tr><th>个案</th><th>小组</th><th>社区</th><th>研究</th><th>项目</th><th>行政</th></tr>
<tr><td rowspan="3">服务数量</td><td rowspan="3">速</td><td rowspan="3">3. 专业关系建立的能力</td><td>3.1 服务对象系统</td><td colspan="3">评估与服务对象系统建立专业关系的能力；
设定与服务对象系统建立关系的能力的成长目标；</td><td colspan="4">了解服务对象特质及其相关系统；
能与服务对象建立专业关系；</td><td colspan="2">了解服务对象特质及其相关系统；
能在专业价值/伦理的指引下，与服务对象快速地建立专业关系；</td><td colspan="6">了解服务对象特质及其相关系统；
能在专业价值/伦理的指引下，与服务对象快速地建立专业关系；</td></tr>
<tr><td>3.2 机构系统</td><td colspan="3">评估与机构系统建立专业关系的能力；
设定与机构系统建立关系的能力的成长目标；</td><td colspan="4">了解机构系统；
能与机构建立专业关系；</td><td colspan="2">了解机构系统；
能在专业价值/伦理的指引下，与机构快速地建立专业关系；</td><td colspan="6">了解机构系统；
能在专业价值/伦理的指引下，与机构快速地建立专业关系；</td></tr>
<tr><td>3.3 社会系统</td><td colspan="3">评估与社会系统建立专业关系的能力；
设定与社会系统建立关系的能力的成长目标</td><td colspan="4">了解各类/各级社会系统；
能与相关系统建立专业关系</td><td colspan="2">了解各类/各级社会系统；
能在专业价值/伦理的指引下，与相关系统快速地建立专业关系</td><td colspan="6">了解各类/各级社会系统；
能在专业价值/伦理的指引下，与相关系统快速地建立专业关系</td></tr>
</table>

（续表）

成效		实践能力	实践模块及实践内容	自我成长（12小时）	实务研究（108小时）	项目运作（120小时）	综合实习（760小时）
				确定基线／基线之上／能力评估	聆听生命故事／社工发展／人群探究／宏观社会	项目设计/实施/评估／社工方法的运用	直接服务（个案／小组／社区）／间接服务（研究／项目／行政）
服务质量	新	4. 服务创新的能力	4.1 服务创新及实施	评估个人服务创新的能力； 设定个人服务创新能力的成长目标；	能了解服务/项目发展的最新动态； 训练个人创新思维的能力；	能设计有创意的项目，且具有可行性； 提升项目创新能力；	能设计和实施具有新意的直接服务和间接服务； 能创造性地完成实践任务； 具备社会服务创新能力；
			4.2 品牌服务的持续	评估发展品牌服务的能力； 设定发展品牌服务能力的成长目标	能了解品牌服务的发展脉络	了解品牌服务的发展规律； 设计和实施的项目可持续，进而转化为品牌服务	能检视已有品牌服务发展的状况，并发展/维持/终止； 能将现有服务/项目发展成可持续的品牌服务； 能设计和实施可持续的品牌项目
		5. 自我学习的能力	5.1 交叉学科的知识结构	评估个人学科知识的结构； 评估完善学科交叉知识结构的能力； 设定完善学科交叉知识结构能力的成长目标；	能按实践目标梳理和拓展社会工作及相关学科知识；	拓展项目管理的知识； 能根据项目完善交叉学科的知识结构，并实现自主学习；	能根据服务内容完善交叉学科的知识结构，并实现自主学习；
			5.2 实务研究的发展	评估个人实务研究的能力； 设定个人实务研究能力的成长目标	掌握研究方法的相关知识； 能按实践目标运用研究方法设计和实施实务研究	能准确选择研究方法，并能熟练运用； 能将实务研究的知识运用于项目的设计、实施和评估	能准确选择研究方法，并能熟练运用； 能基于实务研究的视角，设计整个实践任务，进而提升社会服务的质量

（续表）

成效		实践能力	实践模块及实践内容	自我成长（12小时）			实务研究（108小时）				项目运作（120小时）		综合实习（760小时）					
				确定基线	基线之上	能力评估	聆听生命故事	社工发展	人群探究	宏观社会	项目设计/实施/评估	社工方法的运用	直接服务			间接服务		
													个案	小组	社区	研究	项目	行政
服务质量	思	6. 专业认同	6.1 自我的成长与突破	评估个人成长和突破的能力； 规划个人成长和突破的目标；			能按实践目标制订实务能力计划 能反思个人成长的局限和突破；				能按实践目标制订实务能力提升计划 能反思个人成长的局限和突破；		能较好地具备社会工作实践能力；					
			6.2 专业信念的内化	评估个人专业信念； 设定个人专业信念内化的目标			了解社工的职业素养和专业素养； 反思并逐渐建立个人的社工素养				了解社工的职业素养和专业素养； 反思并建立个人的社工素养		建立个人的社工素养，包括职业素养和专业素养					
		7. 价值观和伦理的实践	7.1 专业价值观的实践及本土化	评估个人专业价值观实践的能力； 设定个人专业价值观实践能力的成长目标；			了解社工的专业价值； 能尝试专业价值的本土化实践；				内化社工的专业价值； 能尝试专业价值的本土化实践；		内化社工的专业价值； 能有效地、本土化地实践专业价值；					
			7.2 专业伦理的实践及本土化	评估个人专业伦理实践的能力； 设定个人专业伦理实践能力的成长目标			了解社工的专业伦理； 能尝试专业伦理的本土化实践				内化社工的专业伦理； 能尝试专业伦理的本土化实践		内化社工的专业伦理； 能有效地、本土化地实践专业伦理					

（续表）

<table>
<tr><td rowspan="3">成效</td><td colspan="3" rowspan="3">实践模块及实践内容
实践能力</td><td colspan="3">自我成长（12 小时）</td><td colspan="4">实务研究（108 小时）</td><td colspan="2">项目运作（120 小时）</td><td colspan="6">综合实习（760 小时）</td></tr>
<tr><td rowspan="2">确定基线</td><td rowspan="2">基线之上</td><td rowspan="2">能力评估</td><td rowspan="2">聆听生命故事</td><td rowspan="2">社工发展</td><td rowspan="2">人群探究</td><td rowspan="2">宏观社会</td><td rowspan="2">项目设计/实施/评估</td><td rowspan="2">社工方法的运用</td><td colspan="3">直接服务</td><td colspan="3">间接服务</td></tr>
<tr><td>个案</td><td>小组</td><td>社区</td><td>研究</td><td>项目</td><td>行政</td></tr>
<tr><td rowspan="2">服务质量</td><td rowspan="2">思</td><td rowspan="2">8. 知识运用的能力</td><td>8.1 社会政策及服务的运用和倡导</td><td colspan="3">评估对社会政策及服务运用的能力；
设定个人社会政策及服务运用能力的成长目标；</td><td colspan="4">了解相关社会政策及其体系；
能分析和运用社会政策；</td><td colspan="2">了解相关社会政策及其体系；
能在项目中运用分析和运用社会政策；</td><td colspan="6">能勾勒完整的社会政策体系；
掌握相关的社会政策；
能分析和运用社会政策；</td></tr>
<tr><td>8. 2 理论—实践的整合及反思</td><td colspan="3">评估个人对理论—实践的整合及反思能力；
设定个人理论—实践整合及反思能力的成长目标</td><td colspan="4">了解相关理论；
能反思已有服务中理论—实践的整合的状况</td><td colspan="2">能选择合适的理论，并与项目化运作有机整合；
能反思项目中理论—实践整合的状况</td><td colspan="6">能选择合适的理论，指导直接服务和间接服务，进而提升服务质量；
具备理论—实践整合运用的能力</td></tr>
</table>

资料 1.11

（学生姓名）________的实践能力提升计划

个人信息
姓名： 性别： 本科专业： 联系电话：
实践能力初评
1. "能力为本"社会工作硕士实践学习评估个人分值： 2. "能力为本"社会工作硕士实践学习"雷达图" 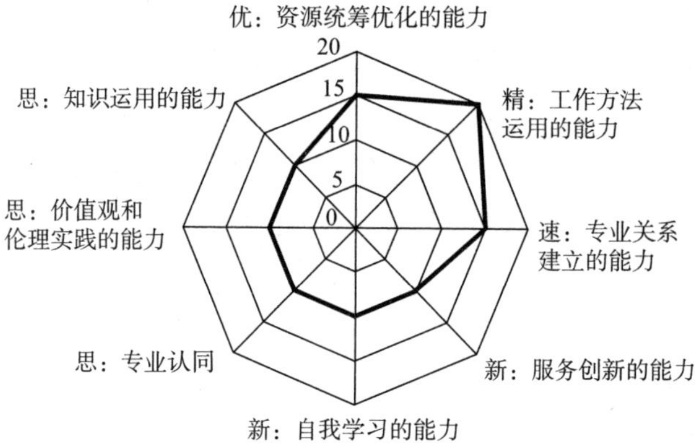
成长规划
个人期望： 职业规划： 理论取向：

<table>
<tr><th colspan="4">实践能力提升计划</th></tr>
<tr><th colspan="3">社会工作硕士能力体系</th><th>个人目标和计划</th></tr>
<tr><td rowspan="3">优</td><td rowspan="3">1.资源优化的能力</td><td>1. 1 时间统筹</td><td></td></tr>
<tr><td>1. 2 人力资源管理</td><td></td></tr>
<tr><td>1. 3 社会资源链接</td><td></td></tr>
<tr><td rowspan="4">精</td><td rowspan="4">2.工作方法运用的能力</td><td>2. 1 个案工作运用</td><td></td></tr>
<tr><td>2. 2 小组工作运用</td><td></td></tr>
<tr><td>2. 3 社区工作运用</td><td></td></tr>
<tr><td>2. 4 项目化运作</td><td></td></tr>
<tr><td rowspan="3">速</td><td rowspan="3">3.专业关系建立的能力</td><td>3. 1 服务对象系统</td><td></td></tr>
<tr><td>3. 2 机构系统</td><td></td></tr>
<tr><td>3. 3 社会系统</td><td></td></tr>
<tr><td rowspan="4">新</td><td rowspan="2">4. 服务创新的能力</td><td>4. 1 服务创新及实施</td><td></td></tr>
<tr><td>4. 2 品牌服务的持续</td><td></td></tr>
<tr><td rowspan="2">5. 自我学习的能力</td><td>5. 1 交叉学科的知识</td><td></td></tr>
<tr><td>5. 2 实务研究的发展</td><td></td></tr>
<tr><td rowspan="6">思</td><td rowspan="2">6. 专业认同</td><td>6. 1 自我的成长和突破</td><td></td></tr>
<tr><td>6. 2 专业信念的内化</td><td></td></tr>
<tr><td rowspan="2">7. 价值观和伦理实践的能力</td><td>7. 1 专业价值观的实践及本土化</td><td></td></tr>
<tr><td>7. 2 专业伦理的实践及本土化</td><td></td></tr>
<tr><td rowspan="2">8. 知识运用的能力</td><td>8. 1 社会政策及服务的运用和倡导</td><td></td></tr>
<tr><td>8. 2 理论—实践的整合及反思</td><td></td></tr>
<tr><td colspan="4">备注:“能力为本”社会工作硕士实践学习模式的分阶段提升目标(资料 1.10)仅供参考</td></tr>
<tr><td colspan="4">建议和反馈</td></tr>
<tr><td colspan="4"></td></tr>
<tr><td colspan="2">签名:</td><td colspan="2">日期:</td></tr>
</table>

模块二　实务研究

社会工作在传统上更被看作一种实践与道德所驱动的活动，而非一种通过科学技术发展而驱动的活动。然而，自 20 世纪 80 年代以来，特别是过去十年里，社会工作研究已在发展社会工作的政策、实践和培训方面起着更核心的作用。另一个关键的发展是，有关证据为本的实践不仅在社会工作，而且在其他领域如卫生、教育和感化部门，已成为一个时髦词语。因此，社会工作研究在一个相当短的时间内已经完成了从社会工作和社会福利中的微弱地位到核心角色的转变。[①]

一、实践目标

（一）了解实务研究的发展趋势。

（二）掌握相关的研究方法，并完成相关实务研究。

（三）反思实务研究对社会工作和社会福利的本土化影响。

（四）提升社会工作实务能力。

二、实践安排

（一）实践时间：研究生一年级第一学期，第 5 周到第 20 周。

（二）实践形式：(1)按要求分组；(2)工作坊，16 次，每次 1.5 小时，共 24 小时；(每项实务研究开始前后)实务研究，4 次，共 84 小时。

（三）实践小时数：108 小时。

（四）实践分组要求：(1)每组 3－4 人；(2)每次完成实务研究均需重新分组；(3)本科不同学校的社会工作硕士可以在一组；(4)本科不同专

① ［英］布莱恩·科尔比：《社会工作研究的实践应用》，刘东、李翠、严成芬译，格致出版社 2010 年版，第 4 页。

业的社会工作硕士可以在一组;(5)不同性别的可以在一组;(6)能完成课程内容。

三、实践内容(小时数)

(一) 实务研究的概述=12 小时。(工作坊 12 小时,8 次;第 5—8 周)

(二) 聆听生命的故事:志愿者服务≥ 32 小时。(工作坊 3 小时,2 次;实务研究 29 小时;第 9—20 周)

(三) 纵与横:社会工作的发展≥ 13 小时。(工作坊 3 小时,2 次;实务研究 10 小时;第 10—12 周)

(四) 交换人生:人群的 PV 研究≥38 小时。(工作坊 3 小时,2 次;实务研究 35 小时;第 13—16 周)

(五) 拼图:社会工作者可运用的资源≥13 小时。(工作坊 3 小时,2 次;实务研究 10 小时;第 17—19 周)

(六) 总结。

四、实践评分标准

(一) 评分要求

1. 个人实践能力的提升能达到或超过实践计划中设定的目标;
2. 个人所在的小组能按要求完成实务研究;
3. 个人所在的小组能按要求完成规定的实践小时数;
4. 个人所在的小组能按要求完整地递交实践资料。

(二) 评分标准

评分标准(分值) 评分内容	实践能力提升(个人)	实务研究完成(小组)	实践小时数达成(小组)	实践资料完整(小组)	成绩
	10 分	7 分	4 分	4 分	25 分
聆听生命的故事:志愿者服务					
纵与横:社会工作的发展					
交换人生:人群的 PV 研究					
拼图:社会工作者可运用的资源					
总分(100 分)					

第一节 实务研究的概述

一、实践练习:什么是社会工作实务研究?

(一)实践步骤

1. 请举例说明过往实务运用中的困扰及反思。
2. 概述社会工作实务研究。(参见资料2.1)
3. 概述社会工作的研究方法。(参见资料2.2)
4. 讲授社会工作实务研究的设计。(参见资料2.3)
5. 讲授实务研究中文献法的运用:站在巨人的肩上。(参见资料2.4)
6. 学习使用现代化的工具软件,例如“中国知网的CNKI E-Learning探究式学习工具”。(参见资料2.5)

(二)讨论问题

(工作坊)

1. 什么是社会工作实务研究?
2. 为什么实务研究在社会工作和社会福利中日渐趋于核心地位?
3. 要完成一个科学规范的实务研究,社会工作硕士可以怎么做?

(三)分享

1. 关注证据为本的发展。
2. 对社会工作/社会福利/社会服务成效的反思。
3. 重视实务研究的设计。
4. 掌握相关的研究方法。
5. 关注现代科技对社会工作实务研究的积极作用。

二、教学要点(供参考)

(一)了解社会工作实务研究的发展。

(二)掌握相关研究方法。

(三)重视文献法的运用。

(四)能在文献和实务经验的基础上,设计科学的、严谨的实务研究计划。

(五)捕捉现代科技对社会工作的积极影响。

三、资料

（一）社会工作研究的实践应用。

（二）社会工作的研究方法。

（三）社会工作实务研究的设计。

（四）“站在巨人的肩上”的文献法。

（五）中国知网的 CNKI E-Learning 探究式学习工具。

四、推荐阅读

1. 布莱恩·科尔比:《社会工作研究的实践应用》,格致出版社。

2. 劳伦斯·纽曼、拉里·克罗伊格:《社会工作研究方法——质性和定量方法的应用》,中国人民大学出版社。

3. 阿巴斯·塔沙克里、查尔斯·特德莱:《混合方法论:定性方法和定量方法的结合》,重庆大学出版社。

4. 约翰·W.克雷斯威尔:《研究设计与写作指导:定性、定量与混合研究的路径》,重庆大学出版社。

5. 约瑟夫·A.马克思威尔:《质的研究设计:一种互动的取向》,重庆大学出版社。

6. Mark W. Fraser, Jack M. Richman, Maeda J. Galinsky, Steven H. Day, Intervention Research-Developing Social Programs, Oxford University Press.

7. 中国知网下载中心 CNKI E-Learning 软件:http://www.cnki.net/software/xzydq.htm.

资料 2.1 社会工作实务研究

社会工作研究的实践应用[①]

社会工作在传统上被看作是一种实践与道德所驱动的活动，而非一种通过科学技术发展而驱动的活动。向弱势人群提供实质帮助这是长期关注对于社会工作者培训的方法有着深远的影响，并且仍然是如今社会工作者考虑自己工作的关键因素。在此影响下，社会工作被认为是一种艺术而非科学，更多的是依靠实践智慧而非科学知识，并且更多地考虑过程而非结果。其后果则是，不存在理论与实践间融合的传统，而医学或卫生参照"硬"的科学数据是习以为常的。

然而，自 20 世纪 80 年代以来，特别是过去 10 年里，社会工作研究已在发展社会工作的政策、实践和培训方面起着更核心的作用。另一个关键的发展是，有关证据为本的实践不仅在社会工作，而且在其他领域，如卫生、教育和感化部门，已成为一个时髦词语。因此，社会工作研究在一个相当短的时间内已经完成了从社会工作和社会福利中的微弱地位到核心角色的转变。

社会照顾卓越研究院的一份最新研究报告主题就是，将研究转化到实践之中的承诺如何得以实现。该报告作者基于该领域的文献资料、访谈以及关键参与者的焦点小组而确认了达致该目标的三种主要模式：

1. 研究型实务工作者模式(the research-practioner model)。
2. 嵌入式研究模式(the embedded research model)。
3. 机构化卓越模式(the organizational excellence model)。

在第一种模式中，实务工作者的全部职责在于"与研究保持同步并将其应用于实践"。

嵌入式研究模式根本不涉及一线社会工作者获取原始的研究数据。在这个模式中，研究是建立在机构的政策和实践指导上。国家性指引可以通过机构管理者来实施或者解释。值得注意的是，该模式可能会"减少对研究持消极态度而引起的问题，因为实务工作者不必关心研究指导的政策和指导原则"。

尽管关注点不同，社会工作自 20 世纪初和大学开始发展社会工作训练以来以至于研究和"科学"保持着关系。直到 20 世纪 60 年代后期，社会工作研究在很大程度上依赖于社会科学，尤其是社会学。从那以后，社会工作开始发展自身的研究基础，并开始充分发展起来。起初，社会工作研究主要依靠主流社会科学研究的研究方法。最近，在社会工作实践与研究的更多协作下，不同类型调查方法的研究(也是起源于社会学)也是更符合社会工作的理念与价值，例如应用质性分析以及介入(或赋权)服务使用者。

有理由相信，多数社会工作者在试图回应弱势人群的需求以及有时候面临服务使用者挑战的时候，也许会怀疑研究在帮助一些问题解决上的有用性。

在第三种模式即机构化卓越模式中，机构被视为在一线社会工作者中积极推动和激励以研究为本的文化。在这种模式中，机构管理者支持并推广研究及研究活动，成为政策和实践发展的主要驱动力，并将重点放在应用研究实践，进行研究和检测结果。

---

① [英]布莱恩·科尔比:《社会工作研究的实践应用》，刘东、李翠、严成芬译，格致出版社 2010 年版，第 4、154、158 页。

资料 2.2　社会工作的研究方法

质性研究、定量研究与混合研究

质性研究的特点可以通过与定量研究的对比体现出来。大部分定量研究的资料收集技术是对资料进行浓缩。浓缩的目的在于看到现象的全貌……相反，质性研究的方法可以理解为资料的放大，放大的目的在于清楚地了解个案的方方面面。

质性研究和定量研究①

定量研究	质性研究
测量客观事实	建构社会现实、文化内涵
强调变量	强调互动过程和事件
信度是关键	真实性是关键
价值中立	价值明显具体
独立于环境之外	完全受情境限制
很多个案和研究对象	个案和研究对象数量很少
统计分析	主题分析
研究人员与研究分离	研究人员与研究关系密切

实证主义范式强调所谓的定量研究方法，建构主义范式则主张质性研究方法。因此，关于这两种范式的争论有时亦被称为定性—定量之争。他们的观点又被称为“不相容论”。

针对社会和行为科学领域的两大范式之争，许多人也曾尝试提出和解之道。在教育学和评估研究领域，一些作者也基于一个不同的范式，提出了相容理论，也有人将这一独特的范式称之为“实用主义”。

如今，实用取向的理论家和研究者们提出了“混合方法”（亦可称为“混合方法论”或“方法论混合”），力图同时包括质性路径和定量路径的因素。②

---

① ［美］劳伦斯・纽曼、拉里・克罗伊格：《社会工作研究方法——质性和定量方法的应用》，刘梦译，中国人民大学出版社 2008 年版，第 21 页。

② ［美］阿巴斯・塔沙克里、查尔斯・特德莱：《混合方法论：定性方法和定量方法的结合》，唐海华译，重庆大学出版社 2010 年版，第 2－4 页。

资料 2.3　社会工作实务研究的设计

质的研究设计——一种互动的取向[①]

计划书的目的是向一些对于你所研究的问题来说并非专家的听众/读者说明你计划的研究并论证该研究的合理性。这个陈述中有 4 个主要概念：

1. 说明(explain)：你希望读者清楚地理解你计划开展的研究。

2. 论证(justify)：你希望计划书的读者不仅理解你计划要研究什么，而且还要理解为什么——你打算如何实施这项研究的基本原理。

3. 你计划的研究(your proposed study)：你的计划书应该与你的研究有关系，而不是文献、研究题目或一般的研究方法。

4. 非专家(non-experts)：你不能期望你的读者都具有特定的专门知识。

研究计划书

研究名称：

研究作者：

摘要：

一、导言

[研究目的]

(一) 在理论层面上

(二) 在实践层面上

(三) 在个人层面上

二、概念框架：本研究受到 N 个领域知识的影响

[预研究]

(一) A 领域理论

(二) B 领域研究

(三) ……

(四) 我的观念

三、研究问题

[背景介绍]

四、方法

[研究关系]

(一) 收集资料(抽样)

(二) 资料分析

[伦理问题]

---

① [美]约瑟夫·A.马克思威尔：《质的研究设计：一种互动的取向》，朱光明译，重庆大学出版社 2007 年版，第 92、94－99 页。

五、效度："效度是目的而不是结果"

（一）初步结论

（二）检验方法

（三）推广性

六、结论

七、参考文献

八、附录

（一）研究的时间表

（二）介绍信或许可协议

（三）调查问卷、访谈提纲或其他工具

（四）可能访谈对象的名单

（五）观察计划

（六）分析方法或工具软件的介绍

（七）问题、方法、资料和分析方法矩阵

（八）从预研究或已经完成的研究中列出观察记录样例或访谈记录。

** 5 000 字左右的计划书（1.5 倍行距大约 20 页）。

资料 2.4　"站在巨人的肩上"的文献法

怎样做文献综述——六步走向成功[①]

文献综述是一种书面论证。它依据对研究课题现有知识的全面理解，建立一个合理的逻辑论证；通过论证，得出一个令人信服的论点，回答研究问题。它的类型包括基本文献综述和高级文献综述。基本文献综述是对有关研究课题的现有知识进行总结和评价。文献综述必须包括：一个研究论题的发现、论者的观点，以及对研究问题的回答。高级文献综述是先选择研究兴趣和主题，之后对相关文献进行回顾，确立研究论题，再提出进一步的研究，从而建立一个研究项目，这个研究将得出新的发现和结论。它是确立原创性研究问题的基础，也是对一个研究问题进行探索的基础。

文献综述的六个步骤是：

第一步：选择主题。这个研究主题必须是一个明确的问题，并与具体的学术领域相关。

第二步：文献搜索。它的任务是选择信息，找出能支持论题的最有力的资料证据。

第三步：展开论证。它要对论断进行逻辑安排，对相关资料加以组织，使之成为证据主体。

① ［美］劳伦斯·马奇、布伦达·麦克伊沃：《怎样做文献综述——六步走向成功》，陈静、肖思汉译，上海教育出版社 2011 年版，第 1－5 页。

第四步：文献研究。依据证据，建立一系列合乎逻辑的、可信的结论和论断。

第五步：文献批评。它是对研究课题现有知识的理解，分析先前的知识是如何回答研究问题的。

第六步：综述撰写。

资料 2.5 中国知网的 CNKI E-Learning 探究式学习工具

中国知网的 CNKI E-Learning 探究式学习工具

中国知网下载中心“CNKI E-Learning”软件：http://www.cnki.net/software/xzydq.htm。

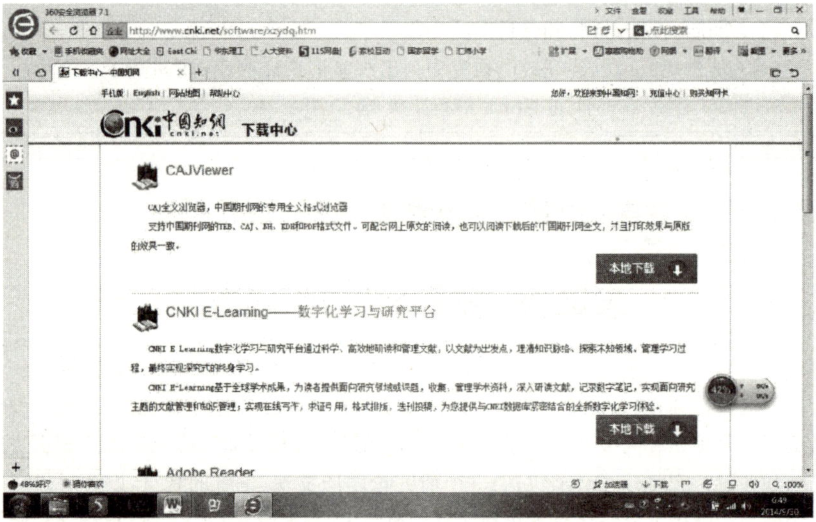

第二节 聆听生命的故事：志愿者服务

一、实践练习：聆听生命的故事

（一）实践步骤

（工作坊）

1. 资料阅读：《流浪儿——基于对上海火车站地区流浪儿童的民族

志调查》。

2. 掌握民族志的研究方法。(参见资料 2.6)

(1) 实务研究计划分享。

(2) 实务研究报告分享。(PPT,每组 10 分钟)

(实务研究)

1. 请以组为单位确定一个曾经实践过的领域/人群开展志愿者服务。

2. 请设计"聆听生命的故事"的实务研究计划,包括每周至少服务 3 小时的时间安排表。

3. 实施"聆听生命的故事"实务研究计划。

4. 总结并提交课程资料。(参见资料 2.7)

(二) 讨论问题

(工作坊)

1. 请以《流浪儿》为例,用一些词汇来描绘流浪儿童个体/群体的特征、生存状况、社会救助等;

2. 请尝试还原《流浪儿》中的研究设计;

3. 请反思文化、价值观、实务研究对社会工作者的影响。

(实务研究)

1. 请白描对实务研究个体/群体的"刻板"印象是怎样的?

2. 请讲述聆听到的生命故事,实务研究是怎样让这些个体/群体变得"鲜活"且具有生命力的?

3. 请思考实务研究是怎样帮助社会工作者增进对人群的了解的?

(三) 分享

1. 敏感于领域/人群的持续接触,并思考其对社会工作硕士/专业/服务/政策等的影响;

2. 反思实务研究对于社会工作硕士个人的、社会的和专业的价值/文化的澄清作用;

3. 分享个人实践能力提升的过程、经验和技巧等。

二、教学要点(供参考)

(一) 掌握民族志的研究方法。

(二) 初步掌握实务研究的设计。

(三) 反思持续接触和保持敏感性对社会服务开展的重要性。

(四) 尝试澄清个人的、社会的和专业的价值/文化对领域/人群的影响。

（五）关注实务研究过程中个人实务能力提升的过程、正向经验转化和技巧等。

三、资料

（一）民族志的研究方法。

（二）"聆听生命的故事"的总结和课程资料。

四、推荐阅读

1. C.赖特·米尔斯:《社会学的想象力》,生活·读书·新知三联书店。

2. 艾尔·巴比:《社会研究方法基础(第八版)》,华夏出版社。

3. 程福财:《流浪儿——基于对上海火车站地区流浪儿童的民族志调查》,上海社会科学院出版社。

4. 李小江:《让女人自己说话——民族叙事》,生活·读书·新知三联书店。

5. 艾略特·列堡:《泰利的街角——一项街道黑人的研究》,重庆大学出版社。

6. 安·格雷:《文化研究:民族志方法与生活文化》,重庆大学出版社。

资料 2.6　民族志的研究方法

民族志[1]

民族志通常令人想到人类学研究，它通常代表在自然情境下的观察，以及对文化和亚文化的全面了解。虽然传统上民族志主要强调描述而非解释，但这并不是唯一的格式。

洛夫兰在一篇主要描述实地调查研究策略关键因素的文章中，更加详细地谈到了分析性民族志(analytic ethnography)的概念。

一般命题　洛夫兰认为，分析性民族志学者的终极使命在于建立人类社会生活模式的一般命题。有一些模式是属于描述性的(例如事件发生的频率)，有一些则是解释性的(例如什么原因造成了特定行为)。

独立研究　洛夫兰摒弃社会科学研究中关于什么才是“适合”的研究对象的分歧，提醒实地调查的研究者要坚持任何事件都是公平的观点。

深入接近　在某种程度上，你们可以把自己放在研究对象的位置上。戈夫曼建议此类研究者，在身为目击者时，所扮演的角色不应只是访员和听众。

即时分析　洛夫兰指出，理论的形成源于对观察的分析，而不是在假设的形式下进行观察。

真实内容　相对于“无真正的真实”的后现代观点，洛夫兰提到，分析性民族志学者在研究时假设存在真实，发展并应用各种技巧，以便捕捉那些“真实”的进程。

新的内容　和自然科学家们一再进行复证的传统不同，洛夫兰告诉分析性民族志学者，每一次研究的目的都应在于创造新的观察，以及/或是新的分析。

确立处理方式　在此洛夫兰提到，从观察中所获得的原始资料与代表这些资料的使其得以产生意义的理论性概念之间，应该取得平衡。

洛夫兰承认，有的实地调查研究者在分析性民族志的描述中对某些细节含糊其词，其中有些甚至可能与一些基础原则相悖。然而，他们的描述却能让我们对实地调查中民族志的真正意义有深入了解。

资料 2.7　“聆听生命的故事”的总结和课程资料

一、“聆听生命的故事”需递交的资料及装订顺序

(一)“聆听生命的故事”的实务研究报告。(每组)

1. 论文 1 篇；

2. 总结报告 1 篇；(参考机构年度年报撰写)

3. 新闻报道 1 篇；(200—300 字)

---

[1] [美]艾尔·巴比:《社会研究方法基础(第八版)》，邱泽奇译，华夏出版社 2005 年版，第 241－242 页。

4. PPT 演示材料 1 份。

(二) 生命故事至少 15 篇。(每组)

(三) 个人专业价值和实务能力的反思。(个人)

(四) 每次志愿者服务日志 1 篇。(个人)

(五) 志愿者服务小时数证明。(纸版,盖章)

(六) 以上资料均包括文字资料和影像资料,电子版和纸版,且按组装订成册。

二、"聆听生命的故事"资料的格式要求

(一) 封面和目录(后附);

(二) 标题:黑体,三号,居中,加粗;

(三) 大标题:宋体,四号,左对齐,加粗,1.5 倍行距;

(四) 小标题:宋体,四号,左对齐,1.5 倍行距;

(五) 正文:宋体,小四号,1.5 倍行距;

(六) 参考文献:宋体,五号,1.5 倍行距。

三、实务研究资料的封面和目录

评分内容 \ 评分标准（分值）	实践能力提升（个人）	实务研究完成（小组）	实践小时数达成（小组）	实践资料完整（小组）	成绩
	10 分	7 分	4 分	4 分	25 分
聆听生命的故事：志愿者服务					

实务研究一　聆听生命的故事：志愿者服务

<u>（每组自拟的题目）</u>

学生姓名：________________

班　　级：________________

年　　月　　日

目 录

(按组排序)

一、实务研究报告(每组自拟题目)

(一) 论文1篇;

(二) 总结报告1篇;(参考机构年度年报撰写)

(三) 新闻报道1篇;(200—300字)

(四) PPT演示材料1篇。

二、生命故事至少15篇(每组)

附:“聆听生命的故事:志愿者服务”的实务研究计划

(个人提交的资料排序如下)

(一) 个人反思:专业价值和实践能力;

(二) 个人的志愿者服务日志;(按个人,按日期)

(三) 个人的志愿者服务小时数证明。(每人1份,纸版,盖章)

* 附电子版本

证　明

兹证明＿＿＿＿＿＿社会工作硕士＿＿＿＿级＿＿＿＿＿＿＿＿自＿＿＿＿ 至 ＿＿＿＿在＿＿＿＿＿＿＿＿＿＿＿＿提供志愿者服务，共计＿＿＿＿（小时）。

特此证明！

机构签章：

年　　月　　日

** 志愿服务小时数是指每人提供至少 32 小时服务。*

第三节　纵与横：社会工作的发展

一、实践练习：社会工作的发展

（一）步骤

（工作坊）

1. 分享我国社会工作的概况；（可参阅中国地图进行分析）

2. 掌握质性研究的访谈；（参见资料 2.8）

3. 实务研究计划分享；

4. 实务研究报告分享。（PPT，每组 10 分钟）

（实务研究）

1. 请以组为单位，从纵向、横向或纵横交错——发展史、服务领域、覆盖人群、政策推动等角度剖析社会工作的发展；

2. 请设计"纵与横：社会工作的发展"的实务研究计划，包括完成至少 15 位关键人的访谈；

3. 实施"纵与横：社会工作的发展"的实务研究计划；

4. 总结并提交课程资料。（参见资料 2.9）

（二）讨论问题

（工作坊）

1. 请介绍本科所在地区的社会工作发展状况，进而还原可能的全国社会工作专业发展的全貌，并提出个人的观点；

2. 请反思社会工作专业发展的领域、人群和政策等对社会工作者的影响。

（实务研究）

1. 请建构社会工作发展的全景图，并尝试分析其结构、要素等。

2. 请反思实务研究是怎样帮助社会工作者增进对社会现实的了解的。

（三）分享

1. 关注社会工作的整体发展、发展要素等对社会工作硕士的影响。

2. 充分认识到社会工作硕士是社会工作发展整体中的部分。

3. 反思实务研究增进的社会工作硕士的现实感、整体感、结构感的意义。

4. 分享个人实践能力提升的过程、经验和技巧等。

二、教学要点（供参考）

（一）掌握质性访谈的方法。

（二）掌握实务研究的设计。

（三）反思社会工作硕士的“全局观”——即充分把握社会工作专业发展的现实感、整体感和结构感的现实意义，进而避免“一叶障目”。

（四）尝试建构个体的微观、中观和宏观社会工作。

（五）关注实务研究过程中个体实践能力提升的过程、正向经验转化和技巧等。

三、资料

（一）我国社会工作发展的地域分布。

（二）质性研究的访谈。

（三）“纵与横：社会工作的发展”的总结和课程资料。

四、推荐阅读

1. 斯丹纳·苛费尔、斯文·布林克曼：《质性研究访谈》，世界图书出版公司。

2. 陈向明：《质的研究方法与社会科学研究》，教育科学出版社。

资料 2.8　质性研究的访谈

"我需要多少受访者?"①

这个普通问题的答案很简单:"在找出你需要了解的信息之前,尽可能多地访谈更多的被试。"在质性访谈研究中,被试的数量往往不能太多,也不能太少。如果被试数量太少,研究结果将难以概化,也不可能进行组间差异的假设检验或者统计概括。如果被试数量太大,将没有足够的实践对访谈进行深入分析。

被试的数量需要依据研究目的来选取。如果研究目的是通过某个具体的人来了解其所体验的世界(比如传记访谈),那么这一个被试就足够了。如果目的是探索并详细地描述男生和女生对成绩的态度,那么指导研究达到一个饱和的状态——继续做更多的访谈几乎得不到新的知识——才能终止访谈。

在一般的访谈研究中,被试的人数往往是 15±10 个。被试人数的确定还要考虑到研究可用的时间和资源以及报酬递减法则(即超过某一定点,增加越多的被试会获得越来越少的知识)。对当前访谈研究的总体印象是通过较少的访谈来获得较多的信息,而不是花费很多的时间来准备访谈工作然后再去进行分析。或许是作为防御性的过度反应,一些质性访谈研究是以错误的定量假设前提来设计的——访谈做得越多越科学。

资料 2.9　"纵与横:社会工作的发展"的总结和课程资料

一、"纵与横:社会工作的发展"需递交的资料及装订顺序

(一)"纵与横:社会工作的发展"的实务研究报告。(每组)

1. 论文 1 篇;
2. 总结报告 1 篇;(参考机构年度年报撰写)
3. 新闻报道 1 篇;(200—300 字)
4. PPT 演示资料 1 份。

(二)关键人访谈至少 15 篇。(每组)

(三)个人对社会工作"全局观"和实践能力的反思。(个人)

(四)以上资料均包括文字资料和影像资料,电子版和纸版,且按组装订成册。

二、"纵与横:社会工作的发展"资料的格式要求

(一)封面和目录(后附);

(二)标题:黑体,三号,居中,加粗;

(三)大标题:宋体,四号,左对齐,加粗,1.5 倍行距;

(四)小标题:宋体,四号,左对齐,1.5 倍行距;

(五)正文:宋体,小四号,1.5 倍行距;

(六)参考文献:宋体,五号,1.5 倍行距。

三、实务研究资料的封面和目录

---

① [丹]斯丹纳·苛费尔、斯文·布林克曼:《质性研究访谈》,范丽恒译,世界图书出版公司 2013 年版,第 121－122 页。

评分内容 \ 评分标准（分值）	实践能力提升（个人）	实务研究完成（小组）	实践小时数达成（小组）	实践资料完整（小组）	成绩
	10 分	7 分	4 分	4 分	25 分
纵与横：社会工作的发展					

实务研究二　纵与横：社会工作的发展

（每组自拟的题目）

学生姓名：________________

班　　级：________________

年　　月　　日

目 录

(按组排序)

一、实务研究报告(每组自拟题目)

(一) 论文 1 篇。

(二) PPT 演示资料 1 份。

二、关键人访谈至少 15 篇(每组)

附:“纵与横:社会工作的发展”实务研究计划

(按个人排序)

三、个人反思:社会工作“全局观”和实践能力

* 附电子版本

第四节 交换人生:人群的PV研究

一、实践练习:交换人生

(一) 实践步骤

(工作坊)

1. 资料阅读《PV研究:一名救助家庭青少年眼中的世界》;(参见资料2.10)

2. 资料阅读《社会工作介入与研究的新方法:影像发声法》;[①]

3. 掌握PV的研究方法;

4. 实务研究计划分享;

5. 实务研究报告分享。(PPT,每组10分钟)

(实务研究)

1. 请以组为单位,确定一个从未接触过或一直想探究的人群开展实习;

2. 请设计“交换人生”的实务研究计划,包括与相关人群共同生活、学习、工作和娱乐等至少16小时(至少2个工作日);

3. 实施“交换人生”的实务研究计划;

4. 总结并提交课程资料。(参见资料2.11)

(二) 讨论问题

(工作坊)

1. 请以“PV研究:一名救助家庭青少年眼中的世界”为例,比较研究中救助青少年的“所思所想所为”和我们(在某种程度上代表社会共识)对他们的认识之间的异同;

2. 请尝试还原《社会工作介入与研究的新方法:影像发声法》的PV研究设计;

3. 请反思实务研究的价值和意义。

(实务研究)

1. 请反思对“交换人生”中所选人群“感兴趣”的真正原因是什么?

2. 请梳理文献、社会中对该人群的观点是怎样的?

---

① 朱眉华、吴世友:“社会工作介入与研究的新方法:影像发声法——以T村外来务工家庭的母亲形象项目为例”,载《华东理工大学学报(社会科学版)》2012年第4期,第1-5页。

3. 请思考这样的"已知"人群是怎样产生的?

4. 请比较实务研究"交换人生"中的人群与"已知"人群的异同。

(三) 分享

1. 反思社会、个人和资料对群体的影响;

2. 通过了解生活和接触社会,找到在人群中的使命感;

3. 反思实务研究对社会工作的作用。

二、教学要点(供参考)

1. 掌握 PV 的研究方法;

2. 掌握实务研究的设计;

3. 反思"我/我们/社会所认为的人群"和"人群自述的人群"的异同、原因及由此发展不同的社会工作服务策略;

4. 关注实务研究过程中个体实践能力提升的过程、经验技巧等。

三、资料

(一) PV 研究:一名救助家庭青少年眼中的世界。

(二) "交换人生:人群的 PV 研究"的总结和课程资料。

四、推荐阅读

1. 朱眉华、吴世友:《社会工作介入与研究的新方法:影像发声法——以 T 村外来务工家庭的母亲形象项目为例》,《华东理工大学学报(社会科学版)》.2012 年第 4 期。

2. 费梅苹:《次生社会化:偏差青少年边缘化的社会互动过程研究》,上海人民出版社。

3. 林娟芬:《妇女晚年丧偶后的适应——一个以台湾地区为例的叙说分析》,上海人民出版社。

资料 2.10　PV 研究：一名救助家庭青少年眼中的世界

PV 研究：一名救助家庭青少年眼中的世界[①]

橘色药丸

我学了三年医药，虽然学历不高，但我真的不想做这样的工作；如果他们来我实习的药店买药，我一定会卖得便宜些的。

“希望之路”

每天实习来回要经过的路，是不是很有“希望之路”的感觉，我不希望太阳，只希望有个不错的工作。

弯路

我一直想走条直路，但又不知道为什么走着走着路就弯了，也许这个世界就是弯的。

代号

换一个号码，会不会就找到一个好工作，成就一份好事业？唉，代码而已，再换也改变不了什么。

① 资料来源：上海公益社工师事务所“新启程”低保救助家庭项目，2012 年。

说好的双向选择

20 周岁以上？高中学历以上？有工作经验？就业歧视？算了，我打算不给他们机会。

陪伴

老爷子每天傍晚都会推着空轮椅一声不发地在小区里散步；老爷子老伴去世不久，一人独居，子女都忙。

又不是监狱

一栋楼就像一座监狱一样，铁门铁栏杆，这里真的需要这样重重防范吗？

不止一种垃圾桶

是不是每个垃圾桶也像人一样有不同的名字、不同的性别、不同的个性，对饮食也有自己的偏好，对爱情也有不同的理解呢？

什么原因

上个月就跟爸妈约好一起去中国馆看看玩玩，但不知什么原因，就好像只是说说而已，但我心里还记着这事儿。

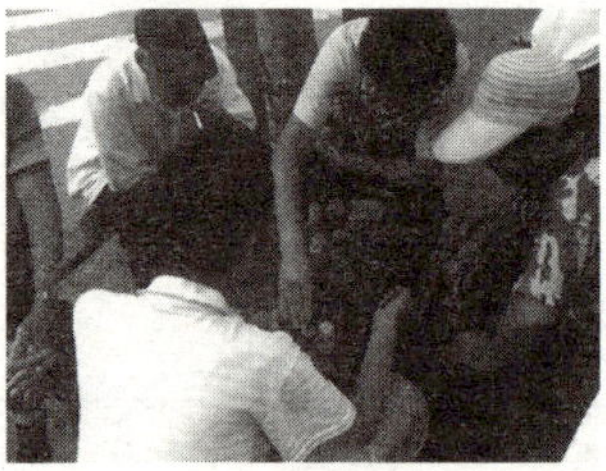

20 岁退休

我喜欢下棋，经常去看路边的大爷们下棋。我有时候很想退休，像这些大爷一样，可我这么年轻，连正式的工作都没有，怎么就想退休了呢？

资料 2.11　“交换人生：人群的 PV 研究”的总结和课程资料

一、“交换人生：人群的 PV 研究”需递交的资料及装订顺序

（一）“交换人生：人群的 PV 研究”的实务研究报告。（每组）

1. 论文 1 篇；

2. 总结报告 1 篇；（参考机构年度年报撰写）

3. 新闻报道 1 篇；（200—300 字）

4. PPT 演示资料 1 份。

（二）交换人生的全程记录和访谈。（每组）

（三）个人对该人群和实践能力的反思。（个人）

（四）以上资料均包括文字资料和影像资料，电子版和纸版，且按组装订成册。

二、“交换人生：人群的 PV 研究”资料的格式要求

（一）封面和目录（后附）；

（二）标题：黑体，三号，居中，加粗；

（三）大标题：宋体，四号，左对齐，加粗，1.5 倍行距；

（四）小标题：宋体，四号，左对齐，1.5 倍行距；

（五）正文：宋体，小四号，1.5 倍行距；

（六）参考文献：宋体，五号，1.5 倍行距。

三、实务研究资料的封面和目录

评分标准（分值）/ 评分内容	实践能力提升（个人）	实务研究完成（小组）	实践小时数达成（小组）	实践资料完整（小组）	成绩
	10 分	7 分	4 分	4 分	25 分
交换人生：人群的 PV 研究					

实务研究三　交换人生：人群的 PV 研究

（每组自拟的题目）

学生姓名：________________

班　　级：________________

年　　月　　日

目　录

（按组排序）

一、实务研究报告（每组自拟题目）

（一）论文1篇。

（二）总结报告1篇。（参考机构年度年报撰写）

（三）新闻报道1篇。（200—300字）

（四）PPT演示资料1份。

二、交换人生的全程记录（每组）

（一）全程记录。（每次）

（二）人群访谈。（根据PV研究计划）

附："交换人生：人群的PV研究"实务研究计划

（按个人排序）

三、个人反思：人群状况和实践能力

*附电子版本

第五节 拼图:社会工作者可运用的资源

一、实践练习:"拼图"

(一) 实践步骤

(工作坊)

1. 梳理社会工作者的资源;

2. 梳理现代科技发展对社会工作者的影响,如网页、电话、微信、电子书、专业软件、移动图书馆等;

3. 尝试将现代科技运用于社会工作者整合资源的过程中;

4. 实务研究计划分享;

5. 实务研究报告分享。(PPT,每组 10 分钟)

(实务研究)

1. 请以组为单位,通过"头脑风暴法",穷尽社会工作者可运用的各类资源;(参见资料 2.12)

2. 请分析各类资源的架构及其互动关系;(参见资料 2.13)

3. 请设计"拼图:社会工作者可运用的资源"的实务研究计划;

4. 实施"拼图:社会工作者可运用的资源"的实务研究计划;

5. 总结并提交课程资料。(参见资料 2.14)

(二) 讨论问题

(工作坊)

1. 请思考社会工作者已知的资源有哪些?

2. 请思考社会工作的资源是否可以创造? 如果可以,怎样实现?

3. 请思考社会工作者自身是否是资源? 为什么? 如果是,社会工作者可以怎样做?

4. 请思考社会工作者和资源之间的互动关系是怎样的?

(实务研究)

1. 请分析现代科技对社会工作者拓展资源的作用和实际运用。

2. 请分析社会工作者"与生俱来"的资源有哪些? 过往经历、学历、性格等是怎样变成资源、发挥作用的?

3. 请建构社会工作者的资源图,并尝试分析社会工作者与资源、资源和资源之间的互动关系。

（三）分享

1. 充分认识社会资源的丰富性及其相互作用；

2. 了解社会工作者所需的资源是可以通过"创造"产生的，包括社会工作者提供的服务本身也是一种重要的资源；

3. 反思社会工作者自身作为资源和资源链接者的作用；

4. 分享个人实践能力提升的过程、经验和技巧等。

二、教学要点（供参考）

（一）认识到现代科技是社会工作者重要的资源。它自身既是一种资源，也是一种寻找资源的重要途径。

（二）掌握实务研究设计。

（三）尝试建构社会工作者的资源结构图，并分析它们之间的互动关系。

（四）关注实务研究过程中个体实践能力提升的过程、正向经验转化和技巧等。

三、资料

（一）穷尽社会工作者可运用的各类资源。

（二）分析各类资源的架构及其互动关系。

四、推荐阅读

1. Matthew B.Miles：《质性资料的分析：方法与实践》，重庆大学出版社。

2. 莱斯特·M.萨拉蒙：《公共服务中的伙伴——现代福利国家中政府与非营利组织的关系》，商务印书馆。

3. 国务院发展研究中心社会发展研究部课题组：《社会组织建设：现实、挑战与前景》，中国发展出版社。

4. 王浦劬、莱斯特·M. 萨拉蒙等：《政府向社会组织购买公共服务研究——中国与全球经验分析》，北京大学出版社。

5. 官有垣、陈锦棠、陆宛苹：《第三部门评估与责信》，北京大学出版社。

6. 魏定仁：《中国非营利组织法律模式论文集》，中国方正出版社。

7. 王名：《中国非营利评论》，社会科学文献出版社。

8. 徐佳良：《中国第三部门研究》，上海交通大学出版社。

资料 2.12　穷尽社会工作者可运用的各类资源

拼图:社会工作者可运用的资源

——穷尽社会工作者可运用的各类资源

一、要求

(一) 请用"头脑风暴法",穷尽社会工作者可运用的各类资源。

(二) 请思考社会工作者"与生俱来"的资源有哪些?

(三) 请思考社会工作者是否可以创造资源? 如果可以,它们分别是什么?

二、提示

(一) 社会工作者也可以是重要资源,可以展开分析,包括过往经历、学历、性格等。

(二) 社会工作者的各类资源包括:项目、机构、企业、政府、行业协会、文化、法律法规等。(仅供参考,可以按不同标准分类)

资料 2.13 分析各类资源的架构及其互动关系

拼图:社会工作者可运用的资源

——各类资源的架构及其互动关系

一、要求

(一) 请分析各类资源的架构及其互动关系。(每组 1—2 类,不重复)

(二) 请完成“拼图:社会工作者可运用的资源”。(每组完成拼图并汇总)

(三) 请尝试“拓展拼图:社会工作者—服务对象的资源”。(每组完成拼图并汇总)

二、拼图:社会工作者可运用的资源

三、拓展拼图:社会工作者—服务对象的资源

资料 2.14 “拼图:社会工作者可运用的资源”的总结和课程资料

一、“拼图:社会工作者可运用的资源”需递交的资料及装订顺序

(一) “拼图:社会工作者可运用的资源”的实务研究报告。(每组)

1.总结报告 1 篇;(参考机构年度年报撰写)

2. PPT 演示资料 1 份。

(二) 个人对资源的分析和实践能力的反思。(个人)

(三) 以上资料均包括文字资料和影像资料,电子版和纸版,且按组装订成册。

二、“拼图:社会工作者可运用的资源”资料的格式要求

(一) 封面和目录(后附);

(二) 标题:黑体,三号,居中,加粗;

(三) 大标题:宋体,四号,左对齐,加粗,1.5 倍行距;

(四) 小标题:宋体,四号,左对齐,1.5 倍行距;

(五) 正文:宋体,小四号,1.5 倍行距;

(六) 参考文献:宋体,五号,1.5 倍行距。

三、实务研究资料的封面和目录

评分标准（分值） 评分内容	实践能力提升（个人）	实务研究完成（小组）	实践小时数达成（小组）	实践资料完整（小组）	成绩
	10 分	7 分	4 分	4 分	25 分
拼图:社会工作者可运用的资源					

实务研究四　拼图:社会工作者可运用的资源

<u>（每组自拟的题目）</u>

学生姓名：________________

班　　级：________________

年　　月　　日

目　录

（按组排序）

一、实务研究报告（每组自拟题目）

（一）总结报告 1 篇。（参考机构年度年报撰写）

（二）PPT 演示资料 1 份。

附："拼图：社会工作者可运用的资源"实务研究计划

（按个人排序）

二、个人反思：资源分析和实践能力

* 附电子版本

第六节 总　　结

一、实践总结和分享

（工作坊）

（一）回顾实务研究视角下对社会工作的反思和收获。

（二）比对个人的实践能力提升计划，分享在实务研究中的实践能力提升的过程和经验等。

（三）提交实务研究实践资料，并评分。

二、教学要点（供参考）

（一）掌握实务研究及其设计。

（二）反思个人能力提升计划及习得状况。

模块三　项目化运作

各种社会公益类型都具有走向市场化的内在逻辑，将公益性非营利组织置于市场中将使其运作效率得到更大的提高。[①] 项目化运作应运而生。项目化运作是项目管理和社会服务的有机结合。早在 2004 年，上海相关政府部门在“构建预防犯罪体系”时，就以“政府购买服务/项目”的方式支持社会公益组织运作。到 2009 年，上海市民政局更是通过统筹福利彩票资金、基层政府公共专项资金和社会各方面资金以资助公益项目，鼓励社会组织参与公益招投标和公益创投。由此可知，项目化运作已经成为多数社会组织生存的普遍形式，也成为社会工作硕士专业知识和能力的重要组成部分。

一、实践目标

（一）了解项目化运作的相关知识。

（二）掌握项目化运作。

（三）反思项目化运作对社会工作发展的影响。

（四）尝试运用理论指导项目化运作。

（五）提升社会工作实践能力。

二、实践安排

（一）实践时间：研究生一年级第二学期，第 1 周到第 20 周。

（二）实践形式：

1. 按要求分组；

---

① 陶传进：《社会公益供给——NPO、公共部门与市场》，清华大学出版社 2005 年版，第 123 页。

2. 工作坊，10次，每次1.5小时，共15小时；

3. 项目化运作，成功完成1个项目，共105小时。

（三）实践小时数：

1. 项目设计和修正：9小时；（工作坊9小时，6次；第1—3周）

2. 项目实施：109.5小时；（工作坊4.5小时，3次；项目化运作105小时；第4—19周）

3. 项目总结：1.5小时。（工作坊1.5小时，1次；第20周）

（四）实践分组要求：

1. 每组3—4人；

2. 自愿组合；

3. 每组至少有一位本科为社会工作专业的学生；

4. 分组延续一个学期；

5. 能完成课程内容。

三、实践内容

（一）社会服务项目中的PEMP。

（二）纸上谈兵：社会服务项目计划书。

（三）身经百战：社会服务项目的运作。

（四）百战百胜：社会服务项目的积极转化。

（五）总结。

四、评分标准

（一）评分要求

1. 个人实践能力的提升能达到或超过实践计划中设定的目标；

2. 个人所在小组能按要求成功完成项目化运作；

3. 个人所在小组能达到在项目中有机地运用社会工作方法的要求；

4. 个人所在的小组能按要求完成规定的实践小时数；

5. 个人所在的小组能按要求完整地递交实践资料。

（二）评分标准

评分标准（分值/每项）＼评分内容	实践能力提升（个人）	项目化运作成功完成（小组）	实践小时数达成（小组）	实践资料完整（小组）	成绩
	10分	7分	4分	4分	25分
项目设计(25分) 项目创新 项目中融入实务研究的视角和方法 项目中理论的运用 项目中社会工作方法的运用					
项目实施(50分) 能按时完成项目 能按量完成项目 能按质完成项目					
项目评估/总结(25分)					
总分(100分)					

第一节　社会服务项目中的 PEMP

一、实践练习:社会服务项目中的 PEMP

（一）实践步骤

1. 概述社会服务项目和要素;(参见资料 3.1)
2. 概述社会服务项目要素 1:项目设计(P);(参见资料 3.2)
3. 概述社会服务项目要素 2:项目化运作的环境(E);(参见资料 3.3)
4. 概述社会服务项目要素 3:项目管理(M);(参见资料 3.4)
5. 概述社会服务项目要素 4:项目化运作的实务技巧(P)。

（二）讨论问题

(工作坊)

1. 概述社会服务项目要素 1:项目设计(P)。

(1) 创意之于社会服务项目:请列举你所知道的公益项目,如多背一公斤、一个鸡蛋的暴走、冰桶挑战，及其对社会服务项目设计的启发。

(2) 实务研究之于社会服务项目：了解上海的招标项目和投标项目[①]，并分析两者计划书的要求和异同。

2. 概述社会服务项目要素 2：项目化运作的环境(E)。

(1) 项目化运作的环境包括机构、政策、社会文化和文化习俗等。

(2) 机构 vs.项目：请举例由项目发展而来的机构和由机构发展出的项目，如上海青艾健康促进中心、上海益优青年服务中心、上海阳光社区青少年事务中心、上海新航社区服务总站、上海自强社会服务总社，并分析机构和项目之间的互动关系。

(3) 政策 vs.项目：请分析项目涉及的政策有哪些？如与招标和创投有关的政策法规；与服务人群相关的政策法规，例如国家给予艾滋病患者的"四免一关怀"政策；与社会发展有关的政策法规，例如《上海市文明单位考评标准》。

(4) 社会文化 vs.项目：请举例说明社会文化对于项目的影响，如"污名"、文化习俗。

3. 概述社会服务项目要素 3：项目管理(M)。

(1) 请掌握由繁入简的"一页纸项目管理"；

(2) 请掌握项目管理中有效的时间管理工具，如甘特图；

(3) 请掌握项目管理中财务管理的要求，如《上海市民政局关于规范上海市社区公益招投标(创投)项目财务核算管理的通知》(沪民计发〔2011〕28 号)[②]；

(4) 请掌握项目管理中人力资源管理法规和工具，如《中华人民共和国劳动法》，自我进行 SWOT 分析。

4. 概述社会服务项目要素 4：实务技巧(P)。

(1) 请尝试技巧化运用社会工作专业价值观。

(2) 请掌握社会工作三大工作方法的技巧。

(3) 请举例说明项目化运作/社会工作方法实施的载体及其运用，如游戏、电影、绘画、短剧、面谈、QQ、微信等。

(三) 分享

1. 了解社会服务项目发展的脉络和重要性；

2. 了解影响社会服务项目发展的 4 要素；

---

① 上海公益招投标网：http://www.gysq.org.

② 上海公益招投标网/信息/政策法规/《上海市民政局关于规范上海社区公益招投标(创投)项目财务核算管理的通知》：http://www.gysq.org/sqgy/zj/zixun_detail.dhtml? id=117&Exp_Type_Id=1905.

3. 掌握创意和实务研究对社会服务项目要素之项目设计的影响；

4. 掌握机构、政策、社会文化等对社会服务项目要素之项目化运作环境的影响；

5. 掌握“一页纸项目管理”、时间管理工具、财务管理政策、人力资源管理政策和自我 SWOT 分析等社会服务项目要素之项目管理的方法；

6. 掌握社会工作价值观的技巧化运用、社会工作三大工作方法中的技巧等社会服务项目要素之实务技巧，并能依托有效载体灵活操作。

二、教学要点(供参考)

(一) 了解社会服务项目的发展脉络及其重要性。

(二) 掌握影响社会服务项目的 4 要素，即项目设计(P)、项目化运作环境(E)、项目管理(M)和实务技巧(P)。

(三) 能从创新和实务研究的角度反思社会服务项目设计和实施。

(四) 敏感于环境对社会服务项目的影响。

(五) 重视有效的项目管理对其促进作用。

(六) 掌握社会服务项目实施所需的实务技巧。

三、资料

(一) 项目的概述。

(二) 社会服务项目要素 1：项目设计(P)。

(三) 社会服务项目要素 2：项目化运作的环境(E)。

(四) 社会服务项目要素 3：项目管理(M)。

四、推荐阅读

1. [美]项目管理协会：《项目管理知识体系指南(PMBOK 指南)第 4 版》，电子工业出版社。

2. [美]哈罗德·科兹纳：《项目管理计划、进度和控制的系统方法(第 10 版)》，电子工业出版社。

3. [美]戴维·伯恩斯坦：《如何改变世界——社会企业家与新思想的威力》，新星出版社。

4. [美]欧文·戈夫曼：《污名——受损身份管理札记》，商务印书馆。

5. [英]理查德·琼斯：《项目管理》，中国铁道出版社。

6. 蔡炳纲、吴汉明：《72 个体验活动理论与实践(第 9 版)》，香港汇智出版有限公司。

7. 张声雄、范芸编:《学习型组织"金"典游戏》,上海三联书店。

8. 海德·卡杜森、查理斯·雪芙尔:《游戏治疗 101》,四川大学出版社。

9. [美]克拉克·A.坎贝尔:《一页纸项目管理》,东方出版社。

10. 唐斌尧:《社会工作人力资源管理》,中国社会出版社。

11. 上海公益招投标网:http://www.gysq.org.

资料 3.1 项目概述

项目概述

《项目管理知识体系指南(第 4 版)》中将项目界定为:“项目是为了创造独特的产品、服务或成功而进行的临时性工作。项目的‘临时性’是指项目有明确的起点和终点。大多数项目是为了创造持久性的结果。”①

项目具有下列特征的一系列的活动和任务:1.有一个在特定计划内要完成的具体目标;2.有确定的开始和结束日期;3.有经费限制(如果项目可以实施的话);4.消耗人力和非人力资源(如资金、人员、设备);5.多职能(人横跨几条职能线)。②

资料 3.2 社会服务项目要素 1:项目设计(P)

一、上海的招标项目和创投项目的主要资料来源:上海公益招投标网(http://www.gysq.org);

二、社会服务项目设计中实务研究初步整合。

上海社区公益创投资料下载中的*调研报告模板*

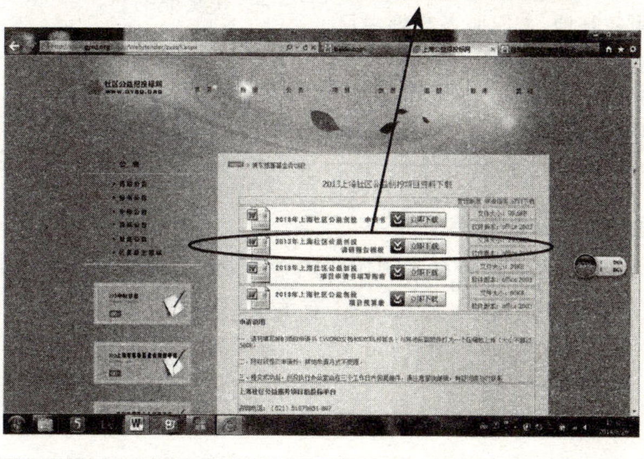

① [美]项目管理协会:《项目管理知识体系指南(PMBOK 指南)第 4 版》,电子工业出版社 2011 年版,第 5 页。

② [美]哈罗德·科兹纳:《项目管理计划、进度和控制的系统方法(第 10 版)》,电子工业出版社 2010 年版,第 2 页。

资料3.3 社会服务项目要素2:项目运作的环境(E)

一、政策 vs.项目:与社会发展有关的政策法规(示例)

上海市精神文明创建工作标准[①]

……

二、特色指标(共10分)

序号	指标名称	考评方法	分值
1	有良好社会影响的好人好事	听取汇报和材料审核(各类先进的名单、证书、媒体报道)	2
2	积极参与社会公益事业,做出突出贡献	听取汇报和材料审核(参与证明、获奖证书)	2
3	获国家级或市级科技创新成果奖、各项工作奖或党建、精神文明建设、未成年人思想道德建设等研究实践成果	听取汇报和材料审核(专门部门/上级机关鉴定证明、获奖证书)	2
4	志愿服务成效突出,获得市级以上志愿服务荣誉称号或建成市级以上志愿者服务基地、志愿服务品牌项目	听取汇报和材料审核(参与证明、获奖证书)	2
5	自觉履行社会责任,按时提交单位年度社会责任报告,评为B级以上	材料审核	2

讨论问题:社工 vs.志愿者

例如,以上海为例,在医务社工领域或国有企业开展企业社会工作时,社工服务常被作为《上海市精神文明创建工作标准》中有关项目申报评奖。请问你如何看待这一现状?为什么?有何改变策略和建议?

① 上海市精神文明建设委员会办公室编写:《上海市精神文明创建工作标准(2011版)》,社会科学文献出版社2011年版,第60页。

二、社会文化 vs.项目:“污名”和文化习俗

(一) 污名

污名①

看着眼前这位陌生人,他拥有某种特征的证据会油然而生,这种特征使他区别于他成为的其他类型的人,使他变成不太令人欢迎的一类——极言之,此人要么邪恶透顶,要么十分危险,要么极其虚弱。于是,他在我们心中沦落了:一个健全平凡者由此沾上污点、受到轻视。这种特征就是污名,若它能使人大大丢脸,则肯定是污名;这种特征有时还被称为弱点、缺点或缺陷。它由虚拟的和真实的社会身份之间的一种特殊差距构成。注意,虚拟的和真实的社会身份之间还存在其他种类的差距。比如,有种差距能让我们将某人重新归类,把他从一种预见的社会类型转到不同但却同样容易预见的类型;还有种差距能让我们改变对某人的估计,把他往好的一类分。还要注意,并非所有人受欢迎的特征都与污名有关,只有与我们关于某类人应该怎样的成见不吻合的那些特征才有关。

(二) 文化习俗

文化影响的日益显著②

全球化并不意味着我们没有差异,即便麦当劳当初都是。你必须对各个国家的文化理念和工作方式都有所了解。

在与德国人或瑞士人合作时,你会发现他们花在制定项目规范上的时间远远多于英国、美国及远东国家,而且即使你催他们,他们也绝不会让步。事实上,他们试图制定出最为详尽、风险最低的项目规范。虽然我很赞赏他们,但这种工作态度有时不免让我觉得有些无奈。

如果和荷兰人共事,那恐怕你就不得不接受他们每年休假 34 天的事实。相反,要是与美国人一起工作,你只能希望他们多一些假期,好让自己也放松一下。

瑞典有非常强大的社会保障机制,因此对瑞典人以辞退相威胁恐非明智之举,他们很可能根本就不怕失业。

记得我曾在十几年前看过一个某著名企业家的访谈节目。他在节目中大谈几个瑞典工程师的懒惰之处,并表示与他们相比,自己手下的中国工程师只拿三分之一的薪水,却可以完成两倍的工作量。显然,他这番言论无益于激励员工的工作热情,只会激起人们的抗议。

---

① [美]欧文·戈夫曼:《污名——受损身份管理札记》,商务印书馆 2009 年版,第 3 页。

② [英]理查德·琼斯:《项目管理》,中国铁道出版社 2008 年版,第 147 页。

资料 3.4 社会服务项目要素 3:项目管理(M)

一、项目管理的概述

项目管理

项目管理就是将知识、技能、工具与技术应用于项目活动。它包括 5 个过程组:1.项目启动;2.项目计划;3.项目执行;4.项目控制;5.项目收尾。①

成功的项目管理可以定义为在以下方面达到项目目标:1.在一定的时间内;2.在一定的成本内;3.在要求的性能或技术水平下;4.高效有力地运用分配的资源;5.被客户所认可。②

二、由繁入简:一页纸项目管理

一页纸项目管理 ③

项目的 5 个基本元素:1.任务:怎么做;2.目标:是什么和为什么;3.时间线:何时;4.成本:是多少;5.所有者:是谁。

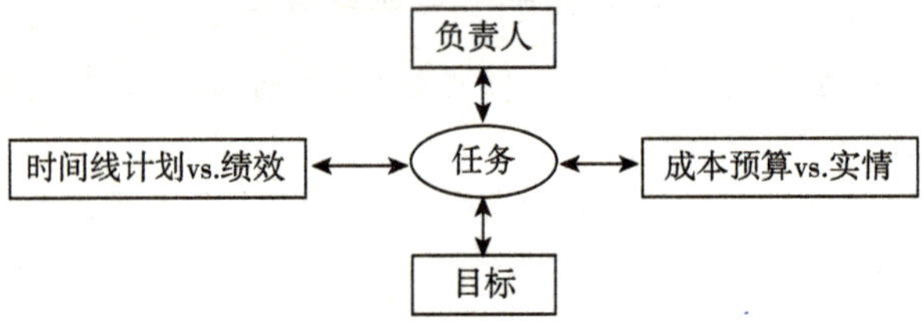

“一页纸项目管理”的创建:1.标题;2.负责人;3.矩阵——文件的根基;4.项目的目标;5.主要项目任务;6.使任务和目标一致;7.目标日期;8.使任务与时间线一致;9.将任务分配给负责人;10.主观任务;11.成本;12.概述和预测。

① [美]项目管理协会:《项目管理知识体系指南(PMBOK 指南)第 4 版》,电子工业出版社 2011 年版,第 6 页。
② [美]哈罗德·科兹纳:《项目管理计划、进度和控制的系统方法(第 10 版)》,电子工业出版社 2010 年版,第 3 页。
③ [美]克拉克·A.坎贝尔:《一页纸项目管理》,东方出版社 2008 年版,第 21、33、35-36 页。

一页纸项目管理

<table>
<tr><td colspan="21">项目领导：　　　　项目：　　　　日期：
项目目标：</td></tr>
<tr><td colspan="3">目标</td><td></td><td>主要任务</td><td colspan="12">项目结束日期：</td><td colspan="4">负责人/优先级</td></tr>
<tr><td></td><td></td><td></td><td>1</td><td></td><td></td><td></td><td></td><td></td><td></td><td></td><td></td><td></td><td></td><td></td><td></td><td></td><td>A</td><td></td><td></td><td></td></tr>
<tr><td></td><td></td><td></td><td>2</td><td></td><td></td><td></td><td></td><td></td><td></td><td></td><td></td><td></td><td></td><td></td><td></td><td></td><td>A</td><td>B</td><td></td><td></td></tr>
<tr><td></td><td></td><td></td><td>3</td><td></td><td></td><td></td><td></td><td></td><td></td><td></td><td></td><td></td><td></td><td></td><td></td><td></td><td>B</td><td>C</td><td></td><td>A</td></tr>
<tr><td></td><td></td><td></td><td>4</td><td></td><td></td><td></td><td></td><td></td><td></td><td></td><td></td><td></td><td></td><td></td><td></td><td></td><td></td><td></td><td></td><td></td></tr>
<tr><td></td><td></td><td></td><td>5</td><td></td><td></td><td></td><td></td><td></td><td></td><td></td><td></td><td></td><td></td><td></td><td></td><td></td><td></td><td></td><td></td><td></td></tr>
<tr><td></td><td></td><td></td><td>6</td><td></td><td></td><td></td><td></td><td></td><td></td><td></td><td></td><td></td><td></td><td></td><td></td><td></td><td></td><td></td><td></td><td></td></tr>
<tr><td></td><td></td><td></td><td>7</td><td></td><td></td><td></td><td></td><td></td><td></td><td></td><td></td><td></td><td></td><td></td><td></td><td></td><td></td><td></td><td></td><td></td></tr>
<tr><td></td><td></td><td></td><td>8</td><td></td><td></td><td></td><td></td><td></td><td></td><td></td><td></td><td></td><td></td><td></td><td></td><td></td><td></td><td></td><td></td><td></td></tr>
<tr><td></td><td></td><td></td><td>9</td><td></td><td></td><td></td><td></td><td></td><td></td><td></td><td></td><td></td><td></td><td></td><td></td><td></td><td></td><td></td><td></td><td></td></tr>
<tr><td></td><td></td><td></td><td>10</td><td></td><td></td><td></td><td></td><td></td><td></td><td></td><td></td><td></td><td></td><td></td><td></td><td></td><td>B</td><td></td><td>C</td><td>A</td></tr>
<tr><td rowspan="6">1</td><td rowspan="6">2</td><td rowspan="6">3</td><td colspan="2" rowspan="2">主要任务
目标　　目标日期
成本
概述和预测</td><td>1月</td><td>2月</td><td>3月</td><td>4月</td><td>5月</td><td>6月</td><td>7月</td><td>8月</td><td>9月</td><td>10月</td><td>11月</td><td>12月</td><td>姓名
1</td><td>姓名
2</td><td>姓名
3</td><td>姓名
4</td></tr>
<tr><td colspan="16">服务：　　元
人力：　　元</td></tr>
<tr><td colspan="18"></td></tr>
<tr><td colspan="18"></td></tr>
<tr><td colspan="18"></td></tr>
<tr><td colspan="18"></td></tr>
</table>

三、项目管理中的时间管理

(一) 区分社会服务项目中的“年”

年

在社会服务领域,招标和创投将项目时间限定为“1年”,即在一年的时间内按项目计划书完成项目。社会工作硕士必须清楚知道“项目的一年”涉及了3个“年”的概念。它们分别是“项目年”“自然年”和“财务年”。

“项目年”是指现阶段国内社会服务项目的运作周期一般是1年。例如,《2012年上海社区公益创投管理制度》中规定“申请项目的实施周期一般不超过一年,项目预算一般不超过20万元,项目实施地为上海地区或上海对口支援的地区”。具体项目起始时间依据每个项目开标时间不同而有差异,且可能出现跨越“自然年”的现象。“自然年”是指以公历计算的一个完整的年度,即1月1日至12月31日,一般为365天。这也是通常意义上所说的年。“财务年”也被称为会计年度,通常以3月底或12月底为财务年度结算期。基于项目运作的机构,其“财务年”需同时考虑“项目年”的实际情况。

(二) 时间管理工具:甘特图

甘特图①

这种图表由亨利·甘特(Henry Gantt)在20世纪初发明,并以他的名字命名。然而,当今计算机技术的进步才使得甘特图发挥出真正的作用,它可以展现出一些复杂程度远超以前的项目计划和任务关系。

甘特图的优点:

(1)非常清晰地显示出项目中各种任务的时间安排;

(2)灵活地显示了每个任务的相关信息;

(3)能够自动显示出项目的关键路径。

甘特图的缺点:

(1)碰到大型项目时,其任务列表可能会在电脑中排上好几页,上下翻页查看这些任务列表较为不便;

(2)当项目任务及依赖关系的数量众多时,甘特图看起来会比较杂乱,因而较难分清各任务间的关系。

四、项目中的财务管理

1. 社会服务项目中财务管理的依据:《上海市民政局关于规范上海社区公益招投标(创投)项目财务核算管理的通知》(沪民计发〔2011〕28号)。

---

① [英]理查德·琼斯:《项目管理》,中国铁道出版社2008年版,第151页。

2. 资料来源：上海公益招投标网/信息/政策法规：http://www.gysq.org/sqgy/zj/zixun_detail.dhtml? id=117&Exp_Type_Id=1905.

五、项目的人力资源管理：自我 SWOT 分析

SWOT①

目的：增强对自我的认识，找出自己的不足，确定前进的方向

材料：SWOT 分析表

时间：40 分钟

步骤：

要求每一位学员填写 SWOT 表；

然后把学员分成 5 人一组，讨论分享。

讨论：

当你完成这个分析表的时候，你对自己是否有了进一步的认识；

当与小组其他成员分享后，你学到了些什么？

点睛：

通过完成这个分析表，毫无疑问对自己有了更深入的了解；更重要的是做出战略选择；

在与组员共同分享的时候，得到优势互补，便于增进组员间的相互了解，更重要的是吸取伙伴的战略智慧。

《自我 SWOT 分析》操作指导图形

Strengths 优势	Weaknesses 劣势
Opportunities 机会	Threats 威胁

第二节　纸上谈兵：社会服务项目计划书交流

一、实践练习

练习 1：制定本学期实践能力提升计划

（一）实践步骤

（工作坊）

1. 比对之前的实践能力提升计划；

① 张声雄、范芸：《学习型组织"金"典游戏》，上海三联书店 2003 年版，第 10－11 页。

2. 修订或制订新的实践能力提升计划。

（二）讨论问题

（工作坊）

1. 请完成个人的实践能力提升计划；

2. 请尝试将个人计划和以小组为单位的实践内容有效结合。

练习 2：社会服务项目计划书的设计和撰写

（一）实践步骤

（工作坊）

1. 依据“2013 年上海慈善基金会浦东分会公益创投”的要求，撰写个人的项目计划书；（参见资料 3.5）

2. 分享个人项目计划书的主题。

（1）按分组要求，组成学习小组；

（2）以组为单位，撰写本学期拟开展的项目计划书；（参见资料 3.6）

（3）小组计划书评审及专家点评；（参见资料 3.7）

（4）各组定稿本学期项目计划书。

（二）讨论问题

（工作坊）

1. 请尽可能多地列举知名的社会服务项目；

2. 请比较招标计划书和创投计划书的异同，关注创新对项目的影响；

3. 请分析招标计划书和创投计划书撰写过程中的侧重点；

4. 请尝试在项目设计中合适理论的实务运用；（参见资料 3.8）

5. 请分析项目计划书中社会工作方法有机组合的作用。

（三）分享

1. 拓展各类社会服务项目的知识；

2. 关注创新思维对社会服务项目的影响；

3. 尝试理论指导下的社会服务项目设计，并思考其意义；

4. 探索有机组合的社会工作方法激活项目设计的策略。

二、教学要点（供参考）

（一）了解社会服务项目的现状和发展；

（二）修订或制订个人本学期的实践能力提升计划，并尝试将其与小组实践内容有机结合；

（三）掌握上海招标项目和上海公益创投项目的申请过程；
（四）学会撰写项目计划书；
（五）关注创新思维对项目的影响；
（六）尝试理论指导下的社会服务项目设计；
（七）探索有机组合的社会工作方法激活项目设计的策略；
（八）反思项目设计过程中社会工作专业价值和社工素养的作用；
（九）分享个人实践能力提升的过程、经验和技巧等。

三、资料

（一）“2013 年上海社区公益创投项目”资料下载。
（二）小组项目计划书撰写的要求。
（三）小组评审及专家点评要求。
（四）理论的实务运用。（资料阅读）

四、推荐阅读

1. 何雪松：《社会工作理论》，上海人民出版社。
2. 派恩：《现代社会工作理论（第三版）》，中国人民大学出版社。
3. Malcolm Payne：《现代社会工作理论》，华东理工大学出版社。
4. 宋海啸、辛一山：《中国社会工作理论》，时事出版社。
5. 张雄：《个案社会工作》，华东理工大学出版社。
6. 刘梦：《小组社会工作》，高等教育出版社。
7. 徐永祥：《社区工作》，高等教育出版社。
8. 张昱、费梅苹：《社区矫正实务过程分析》，华东理工大学出版社。

资料 3.5 “2013 年上海社区公益创投项目”资料下载

一、资料下载的网址

上海公益招投标网/项目/招标项目(http://www.gysq.org/sqgy/Web/tender/zxsq4.aspx)

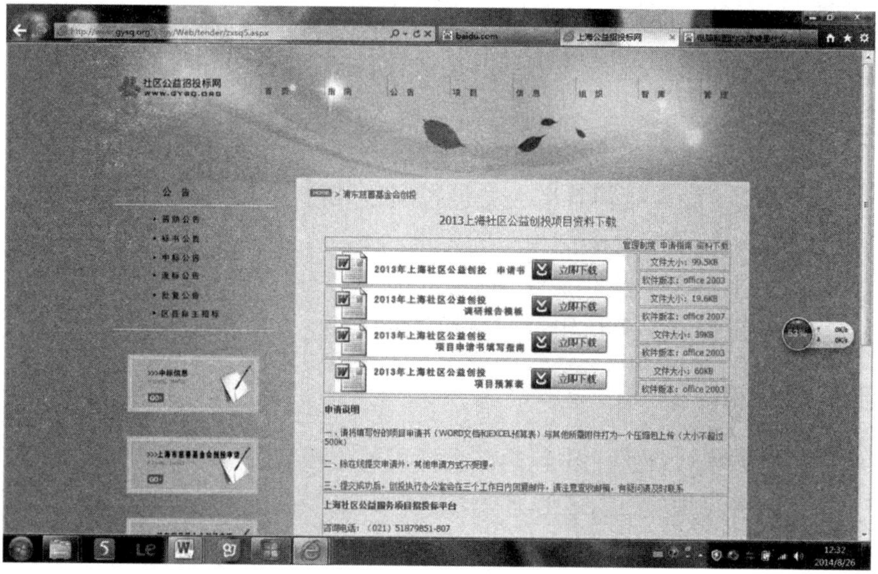

二、资料内容

(一) 申请书;

(二) 调研报告模板;

(三) 申请书填写指南;

(四) 项目预算表。

三、撰写要求(个人训练)

(一) 个人独立撰写项目计划及其相关资料;

(二) 项目设计有创新;

(三) 项目设计有融入实务研究的视角和方法;

(四) 项目设计要有合适的理论为基础;

(五) 项目设计中有机整合了社会工作的方法,促进项目目标的实现。

资料 3.6 小组项目计划书撰写的要求

一、以小组为单位完成项目设计

二、项目设计要有创新性

三、项目设计有融入实务研究的视角和方法

四、项目设计中至少选择 1 个合适的理论为基础

五、项目设计中"有机整合"社会工作方法，实现最佳的项目目标和最大的项目效益

（一）"无机组合"的实习任务量

1. 每人的项目实践任务量：在项目中能提供 3 种社会工作方法的服务，即提供 1 个个案服务、1 个小组服务和 1 个社区服务；

2. 每组的项目实践任务量：每人的项目实习任务量 * 小组人数（如，小组由 3 人组成，则每人均需完成 3 项任务——即 1 个个案服务、1 个小组服务、1 个社区服务，该小组共需在项目中设计 9 项任务，即 3 项 * 3 人）。

（二）"有机整合"的实习任务量

1. "有机整合"是指为了最好地达成项目目标/成效，运用社会工作方法时进行优化组合。"有机整合"的实习任务量；

2. "有机组合"的实习任务量：参考"无机组合"中的实习任务量，即 9 项任务总数不变；以实现最佳的项目目标和最大的项目效益为追求，可以任意选择社会工作三种工作方法之一、之二或三者兼而有之进行项目设计。

（三）评分原则："有机整合"的项目设计分值 >"无机整合"的项目设计分值。

六、自由组合的小组满足分组要求

七、项目覆盖面：≥100 名（服务对象）

八、项目组自筹项目资金

九、项目设计满足实践小时数的要求

十、项目设计满足每周至少服务 1 次的要求

资料 3.7 小组评审及专家点评要求

一、小组计划书评审（参考上海创投项目申报流程）

（一）每组准备项目计划书 PPT；

（二）每组报告时间约 10 分钟；

（三）依据创投项目评审要求，专家进行点评约 5 分钟；

（四）公布评审结果：通过、修改或不过；

（五）小组修/定稿项目计划书。

二、专家点评

（一）专家资质：上海 NPI（恩派）相关负责人等；

（二）专家资质："上海社区公益服务项目招投标评审专家、市民代表名单"中的专家。（上海公益招投标网/智库/评委名单：http://www.gysq.org/sqgy/web/Expert/pingwei.aspx.）

资料 3.8　理论的实务运用

一、一般(通才)介入模式中生态系统理论的运用(资料阅读)

一般(通才)介入模式中生态系统理论的运用

——以上海市 A 区戒毒人员子女的“爱心辅导班”服务为例

一、案例

2003 年,上海成立了全国第一家专业从事禁毒社会工作的社会组织——上海市 Y 服务总社。其中,面向戒毒人员子女的爱心支教服务也是他们的核心工作之一。爱心支教系自强总社的拓展项目,该项目由志愿者为药物滥用人员子女提供免费的家教服务。A 区亦是较早开展此项服务的区县。

(一) 源起

2004 年,A 区禁毒社工(以下简称“社工”)在日常走访的过程中,发现戒毒人员家庭普遍存在着子女教育的需求。由于父母一方或双方吸毒,夫妻关系紧张,或离异或双双被拘,他们无暇顾及子女,子女的抚育通常是由祖辈照顾或者亲属代管。在这样的家庭环境中,戒毒人员子女普遍面临着家庭经济状况较差、心理自卑而不愿与人交往、学业成绩不理想、对父母的问题采取回避的态度等问题。

为了能够真正帮助戒毒人员子女,社工对他们的现状做了进一步的专业分析。社工对全区对象进行了年龄统计、问题分析及学业能力、家庭需求等方面的评估。同时,从社工及组织的角度,社工评估了现有的资源和组织的要求等。

由此,A 区社工提出了为戒毒人员子女提供“爱心辅导班”的服务设想。社工希望通过“爱心辅导班”服务实现“大手牵住小手,小手又牵住大手”的目标,即通过开办“爱心辅导班”帮助有学业困扰和需求的戒毒人员子女,使他们有机会与同龄人一样获得学业上的成就,进而树立人生的目标。同时,戒毒人员子女努力学习的身影,又牵动着戒毒者为人父母和改过自新的心,坚定他们以实际行动远离毒品的决心。

(二) 服务开展

“爱心辅导班”服务开展至今近 5 年了。在这 5 年里,服务大致经历了四个阶段:第一个阶段是服务筹备阶段;第二个阶段是服务尝试阶段;第三个阶段是服务资源整合阶段;第四个阶段是服务拓展阶段。

第一阶段:服务筹备阶段。

社工对“爱心辅导班”服务进行了缜密的设计,以期达成预设的服务成效。社工设计“爱心辅导班”服务时考虑的要素有:(1)戒毒人员子女的需求——人数和内容。在人数上,A 区戒毒人员子女以初中生居多。在内容上,他们及其家庭也都有明显的学业补习的要求。(2)个人的发展 vs.上海的教育制度。目前,上海在义务教育阶段,学生“小升初”普遍实行“就近免试入学”的原则,小学五年级学生在参加毕业考试后,全部以小学“相对就近对口”进入初中学校预备年级。与“小升初”的就近入学不同,中考则更多被视为人生的“分水岭”——是继续升学或是踏上社会就业? 由于先天不足的家庭环境，戒毒人员子女在初中阶段渴望获得更多的关注、指导和建议。如他们需要获得适当的课业辅导，以提高升学的机会。又如，他们在填报中考志愿的时候，需要听到更多负责任的成年人的建议。(3)“安全问题”的发展性考量。“保护生命原则”是社会工作的首要伦理准则。这体现在“爱心辅导班”服务中主要是解决戒毒人员子女参加课程辅导路途上的安全问题。从预防的角度看，社工明确要求每位参与服务的子女都要有监护人——特别鼓励戒毒人员亲自负责接送。为了真正达成“大手牵小手，小手又牵住大手”的服务目标，社工发展性地运用了“安全问题”。首先，它是锤炼戒毒人员意志的方法。这每周看似简单的接送，要做到持之以恒、风雨无阻却是不易。其次，它为社工深入了解和关心戒毒人员近况创造了机会。戒毒人员每次接送子女总是会在附近等待，社工就充分利用这些时间，主动与他们沟通，对他们的需要和改变给予支持和鼓励。这是对安全问题的发展性运用。(4)以自愿参与辅导为原则。(5)资源整合——大学生志愿者成为辅导老师。由于“爱心辅导班”是公益性质的服务，社工没有资金像社会上商业性的辅导班那样高薪聘请教师。正巧，沪上一知名高校的大学生志愿者主动找到社工，希望参与志愿者活动。在与大学生交流后，“爱心辅导班”服务得到他们的积极响应。他们每周都会安排两名志愿者担任辅导老师。

第二阶段：服务尝试阶段。

经过一段时间的自愿招募，最后，社工筛选了 12 位戒毒人员子女参与第一期的“爱心辅导班”。在开班的当天，社工看到有 8 位学员都是由戒毒人员接送的。此后，戒毒人员遵守“爱心辅导班”的安全要求，在一学期的辅导过程中，他们都能坚持接送子女，人数也从 8 位增加到了 12 位。每周，社工都会与他们沟通，了解近况，并提供相应的服务。戒毒人员的戒断表现稳定，由于他们自身的努力和遵守约定，他们与子女之间的关系也有了明显改善。

作为学员的戒毒人员子女，刚开始时比较自我封闭，不太愿意主动地提问。社工发现这个情况后，会利用课余时间主动与学员们交谈，加以引导和启迪，让他们了解“父母是父母，你是你”，常助他们从父母的事件中走出来。慢慢地，学员们开始变得主动了，彼此的互动增加了。然而，其他的担忧又开始浮现在社工的脑海中，因此，社工不赞成学员在课后有过多的交往，而鼓励他们在课堂上主动学习和相互帮助，学员们深受社工影响。

“爱心辅导班”的课业辅导主要是由大学生志愿者负责，社工只是在开班后做些倒茶送水、管理设备等辅助工作。辅导老师是由大学生志愿者们轮流地担任，他们根据各自的时间每周会有两位志愿者参与。为了保证辅导的效果，他们建立了工作交接的制度，并准备了相应的课辅资料。在志愿者们的帮助下，学员们的课业成绩有了一定的改善。“爱心辅导班”服务受到学员及其家长的肯定。

第一期“爱心辅导班”服务获得了明显的成效：(1)戒毒人员子女的学业成绩有了一定的改善，在校的行为表现也有了正向的变化。(2)辅导班开班期间，戒毒人员能遵守对安全问题的约定，履行家长的职责，并且都没有复吸的行为。(3)学员及其家长的关系有了明显的改善，戒毒人员经常会向社工提起子女们对他们的期望，以及自己改过的决心和信心。

然而，其有待改进之处在于：(1)由于师资力量主要由在校大学生志愿者组成，所以辅导老师并不固定。每次，每位新来的志愿者都需要花一定时间与学员们进行磨合，之后，可能又不会再来。(2)这对于志愿者和学员来说都是一个挑战。另外，大学生志愿者缺少教学经验，未必能把握好现阶段初中教学的要求。

经过第一期的尝试，社工决定将"爱心辅导班"服务发展为一项面向戒毒人员子女的长期服务，并且要在以后的服务过程中，逐渐找到解决问题的新途径。

第三阶段：服务资源整合阶段

作为面向戒毒人员子女的长期服务，社工站决定要定期开展"爱心辅导班"。然而，第一期里存在的问题并没有得到改善。直到一次偶然的支部联谊活动，改变了这个局面。

M党派是有着悠久历史的民主党派。他们了解到区内有个专门为戒毒人员提供服务的社会组织，为了进一步了解该组织运作和服务的状况，他们与社工组织党支部取得了联系，想开展一次支部联谊活动。

在支部联谊活动期间，社工组织向M党派全面地介绍了组织的运作和服务状况，特别是当提到"爱心辅导班"现阶段的意义、社会反响及所面临的困难时，引起了M党派支部的浓厚兴趣。M党派中有许多成员是退休的教师，他们既有爱心、也有能力参与该服务。M党派当场表示，此次支部联谊结束后，会立即招募有爱心、有经验和稳定的"爱心"教师志愿者，将彻底解决"爱心辅导班"师资不稳定和经验欠缺的问题。两个支部共同推动的"爱心辅导班"服务开始了，彼此将有更持续和深入的合作。这真可谓是"柳暗花明又一村"。

如今，在"爱心辅导班"服务的志愿者教师就是当时支部联谊活动后招募到的。5年来，3位老教师风雨无阻地为戒毒人员子女们开展课业辅导。为了保证辅导的成效，他们运用自身资源，特意返回退休前的重点中学，向教授课程的老师请教学习重点和复印最新的练习试卷。志愿者教师不仅"传道授业解惑"，更关心他们的健康成长。老师们和社工们最常说的一句话是："父母是父母，你是你！你自己要做好你自己，不要受别人的影响！"

老师们和社工们与戒毒人员子女的关系从最初的陌生变得越来越亲密，相互之间增添了信任。每周，在课业辅导之余，学生们会将学校里的事讲给老师们和社工们听。老师们和社工们欣喜地发现，戒毒人员子女学习成绩有了明显的提升，在校表现也发生了巨大的变化。他们变得自信、乐观，乐意与其他同学交往了。在校教师也惊喜地看到了这些改变。

戒毒人员子女们的这些变化也深深影响了他们的父母。绝大多数父母遵守了与子女及社工的约定，也被年迈的志愿者教师的精神所感动，不仅坚持送子女上学，还彻底地戒断了毒瘾，有了稳定的工作，开始了新的生活。

第四阶段：服务拓展阶段

五年里，在志愿者老师们和社工们的共同努力下，戒毒人员及其子女都有了明显的变化，毒瘾彻底戒断了，家庭氛围变得融洽，又恢复了常态。爱心辅导班的志愿者老师们和社工们不仅关心他们的学习成绩，还关注他们身心的健康成长。他们中最具代表性个案的是小齐。

刚进预备班的小齐性格内向，不愿意与人交流，成绩在班级里垫底儿。为了帮助他提高成绩，志愿者老师特意回到曾经任职的重点中学收集练习题，以小齐的基础为起点，逐个知识点进行解答。志愿者老师的认真负责感动了经常无故缺席辅导的小齐，他的学习态度端正了。经过几个月的努力，小齐在一次摸底考试中考出班级前二十名的好成绩。突然提高的成绩又给小齐带来了新的困扰，原来他学校中的老师和同学都问及他"补课"的情况，这使得不想让学校老师和同学们知道家里状况的小齐不知该如何应对。志愿者老师们和社工们能充分理解小齐的困扰，他们对此做出了正向的、积极的引导，小齐学会了如何正确地处理类似的事情。在学校里，小齐成绩稳中有升，与老师和同学的交流也多了，他的脸上渐渐地出现了同龄人应该有的笑容。

转眼三年过去，小齐进入了初三，开始要面对人生中的第一次重要选择。他彷徨于"是继续升学，还是早点择业"。在了解了他的困扰后，志愿者老师们和社工们结合自身丰富的人生经验帮助他做了全面的分析，提出了许多管理化建议。最后，小齐决定报考职校"先就业再继续升学"，志愿者老师们和社工们尊重和理解他的想法。志愿者老师还运用M党派的资源——M党派与相关职校关系密切，给他推荐了优质的职校和较有前景的专业。因为小齐的特殊状况，入学后，他还获得了更多历练的机会——担任了班干部。现在，小齐还经常回来现身说法，鼓励"爱心辅导班"的弟弟妹妹们好好学习，把握人生。

"爱心辅导班"服务的成效是显而易见的。在这五年里，有23名戒毒人员子女接受了服务，顺利升学。家长中只有1人复吸，另有1人状态不稳定。有着丰富教学经验的志愿者老师们和社工共同组成服务团队，在团队里，志愿者老师们承担起教学、辅导和教育资源链接的工作，社工们主要负责辅导班开班的事务性工作，如联系戒毒人员子女、落实场地，他们也都会尽己所能地为戒毒人员子女们树立积极的榜样，分享正确的人生观。五年来，"爱心辅导班"已经成为一种行之有效的、固化的服务模式。

然而，在今年"爱心辅导班"开班招募学员的过程中，学员人数降到了4人。虽然，志愿者老师们表示，即使只有一个学员，他们也会坚持辅导。但是，"爱心辅导班"服务缺少对象依然是个不争的事实。进一步分析原因后，社工发现了下述问题：1.在册人员的年龄结构断层。社工们发现目前戒毒人员子女年龄普遍集中在学龄前和小学阶段。(2)无奈的选择。由于"爱心辅导班"服务开班时间需放在周末进行，长年累月，社工除了在工作日为戒毒人员及其家庭提供服务外，还需要利用周末加班。在尝试平衡工作和生活的过程中，社工开始倾向于不主动推荐戒毒人员子女参加服务。(3)安全的考虑。还有部分戒毒人员考虑安全的原因，不愿意送子女来"爱心辅导班"。"爱心辅导班"如何拓展服务成为亟须正视和解决的问题。

二、服务流程中的理论运用：基于一般(通才)模式的生态系统理论分析

生态系统理论解释了在为戒毒人员提供服务的同时，关注其家庭及子女的内在联系和重要性。基于为戒毒人员子女提供服务是禁毒社会工作的一个拓展性服务。它的服务过程是通过将生态系统理论转化为社工服务的工具,以禁毒社会工作服务流程为基础,再结合服务对象的特点整合而来的。禁毒社会工作服务流程是基于我国国情,对一般(通才)模式的创造性运用。

(一)提前介入阶段中的外围访谈和入户访谈:接案阶段和预估阶段的生态系统理论运用

依据禁毒社会工作的服务流程,社工在核实了社区戒毒(康复)对象被抓获的事实后,要尽早与社区戒毒(康复)对象外围的主要社会关系取得联系。社工可以从两个层面了解社区戒毒(康复)对象的家庭,特别是其子女的状况。

第一个层面是外围访谈。社工要访谈社区戒毒(康复)对象所在的居(村)委会,包括居(村)委书记、主任、治保主任、民政干部、综治干部等相关人员。在了解社区戒毒(康复)对象情况的同时,更关注其家庭,特别是子女的状况:孩子是男是女?年龄是多大?现在的监护人是谁?孩子与家庭成员关系如何?孩子在哪里上学,成绩如何?性格怎么样,是否知晓家长吸毒的事?社区里有没有一些关注到这个孩子的措施……

第二个层面是入户访谈。在外围访谈的过程中,社工能获得与家庭及其子女有关的信息。然而,社工可能无从判断哪些信息是真实的,哪些信息是有用的,哪些信息里又包含了他们的需求等。俗话说"耳听为虚,眼见为实",社工只有通过入户访谈

提前介入阶段中的外围访谈和入户访谈的生态系统图

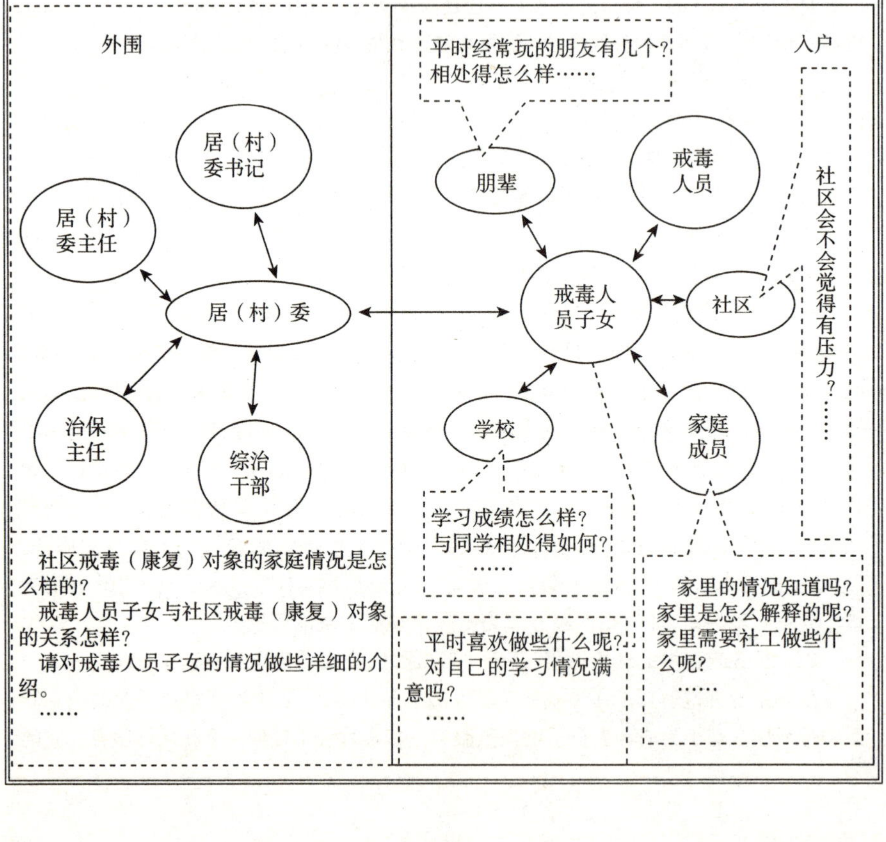

才能与对象面对面核实相关信息，在访谈过程中逐渐建立专业的关系。案例中的“爱心辅导班”服务就是最好的例证。禁毒社工就是通过入户访谈，逐渐发现和归纳出戒毒人员子女的共性需求，并获得家庭的支持，颇有成效地开展服务的。

这是“提前介入阶段的外围访谈和入户访谈的生态系统图”原图。在提前介入阶段的外围访谈和入户访谈前，社工可以将需要了解的戒毒人员问题罗列在图中。另外，提醒社工注意，由于戒毒人员子女可能是未成年人，对其进行的访谈可以由监护人代答，或在本人同意的情况下由监护人陪同完成。如果戒毒人员子女已是成年人，则访谈也需要获得其本人同意。在与戒毒人员子女直接进行访谈前，社工一定要向其家庭成员了解整体情况。案例显示，监护人在戒毒人员子女年幼时，往往采取隐瞒事实的方法。戒毒人员子女中知晓事实的人不在少数，在刚刚接触陌生人——“社工”时，他们也往往持避而不谈的态度。随着访谈的展开，“原图”中的问题可以由访谈信息来替代。在记录和分析信息的时候，社工可以进一步分析戒毒人员子女的需求及与各系统之间的互动状况。箭头(→)表明互动的方向，线条(—)表明互动的关系，线条越粗表示关系越紧密。其中，虚线(－－－)表示关系疏离，曲线(～)表示关系紧张。社工还可以根据需要解析原图。

(二) 建立关系阶段中的价值观的秉持：预估阶段的生态系统理论运用

根据戒毒人员子女的来源不同，为他们提供的服务也有三种。在入户访谈的过程中，监护人可能会主动向社工求助，希望社工为子女提供一些服务，如案例中的课业辅导服务。社工又可能会主动与戒毒人员子女接触，了解他们的需要。这样的接触更接近于拓展服务。社工也会为戒毒人员子女提供的转介服务，不仅包括对象是由另一个服务机构或禁毒社工介绍而来，也包括为了提供更适当的服务向另一个服务机构或社工转介戒毒人员子女这种情况。

无论是哪类服务，社工与戒毒人员子女建立专业关系时，要注意运用社工专业价值：

1. 真诚 & 身份。

禁毒社工与戒毒人员子女接触，首先需要解决的问题是如何介绍自己。工作中的禁毒社工需要自始至终秉持社会工作专业的价值观和伦理观。社工要真诚地对待服务对象。然而，社工又不得不面对监护人可能要求向戒毒人员子女保密父/母吸毒的事实。鉴于此，社工要在真实告知戒毒人员子女身份的情况下，又要充分考虑监护人的态度和戒毒人员子女的接受程度等因素。

如果社工无法妥善处理专业价值伦理和身份之间的困境，那么为戒毒人员子女提供转介服务则是一种较好的选择。禁毒社工主要的服务对象是戒毒人员，主要的工作内容是帮助戒毒人员戒断毒瘾，而戒毒人员子女的服务更侧重于青少年服务。因此，禁毒社工将戒毒人员子女介绍给适合的青少年社工组织和社工是对其权益的保障。

2. 理论支持下的接纳和同理心。

戒毒人员子女的年龄跨度可能是从婴儿期到青年期。禁毒社工要与各年龄段的子女建立专业关系，就要对他们的心理、生理、行为和社会等方方面面有所了解。禁毒社工可以通过对自身生活经验的反思理解他们，也可以通过阅读相关理论研究成果增进对他们的理解。例如，埃里克森将人的心理社会发展分成八个阶段：婴儿期的信任与不信任；儿童早期的自主与羞耻、怀疑；玩耍时期的主动与负疚；学龄时期的勤勉与自卑；青春期的认同与认同混乱；成年早期的亲密与孤立；成熟期的生殖与自我吸收；老年期的完美与绝望、厌恶。①

在获得自身生活经验和理论支持的前提下，禁毒社工要以"人在情景中"的视角，将戒毒人员子女的需求导入其生活环境，能够同理他们的处境，真正地接纳他们。

关系建立阶段中的禁毒社工和戒毒人员子女关系建立生态系统图（原图）

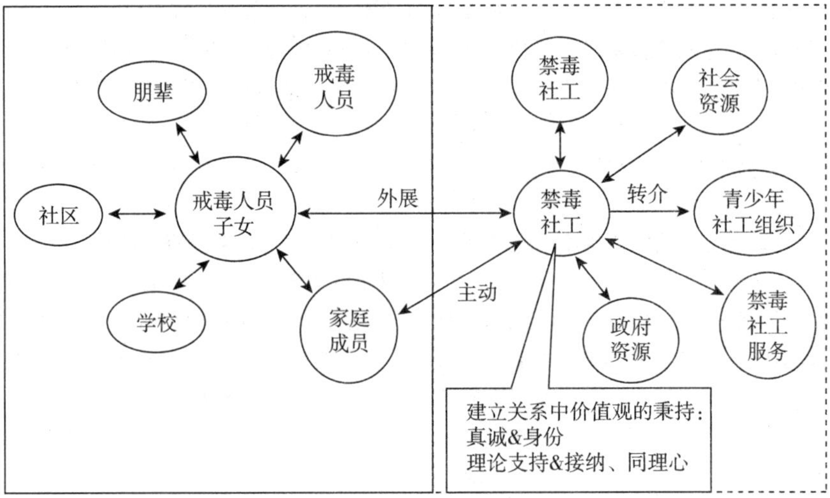

禁毒社工和戒毒人员子女关系建立生态系统图（原图）可以客观揭示禁毒社工与戒毒人员子女关系建立的路径和程度，及需注意的价值秉持。从图中，禁毒社工可以做出如下判断。

（1）在监护人主动求助的服务中，禁毒社工可以获得更多的家庭支持。

（2）禁毒社工主动接触戒毒人员子女的外展服务，可能使双方增加直接接触机会。

（3）转介服务同样是禁毒社工秉持专业价值观提供的专业服务。

（4）由线条演化而直观展示出来的两者关系建立程度。原图中三种服务类型均用虚线表示，表明禁毒社工的出现对于禁毒人员子女来说就像"空降兵"，是突然出现在其家庭和个人面前的陌生人。随着禁毒社工服务的展开，这种陌生关系会逐渐变化，在线条上就表现为从虚线逐渐演化为实线。

① 乔斯·B.阿什福德等：《人类行为与社会环境生物学、心理学与社会学视角（第二版）》，中国人民大学出版社2005年版，第89页。

(5)由线条演化而提示关系建立需要时间和策略。

(6)禁毒社工要清楚了解自身拥有的资源,认识到服务本身也是一种资源。

(三)资料收集/分析与问题诊断阶段:预估阶段和计划阶段的生态系统理论运用

资料收集与资料分析是与关系建立同步进行的。禁毒社工可以运用"提前介入阶段中的外围访谈和入户访谈的生态系统图及问题"和"关系建立阶段中的禁毒社工和戒毒人员子女关系建立生态系统图"收集戒毒人员子女的资料。这些资料包括个人层面的资料、环境层面的资料和个人与环境交互作用层面的资料。个人层面资料包括个人的基本资料,探索戒毒人员子女的生理、心理、情感、智力、行为等方面的能力,对于现状和问题的主观看法,解决问题的动机等。这里的环境是指戒毒人员子女生活中的重要社会系统,以及可以得到的各种资源系统,其中也包括禁毒社工。社会系统主要包括戒毒人员子女的家庭、社区、学校等。资源系统主要包括各种可利用的资源,如邻里关怀、志愿者、各类相关民生政策、各类专业服务组织等。禁毒社工要关注其中的重要人物。个人与环境交互作用层面的资料主要包括戒毒人员子女与周围环境的关系,特别是与重要人物的关系;戒毒人员子女寻求帮助的方式;系统对个人求助的反应等。

禁毒社工对这些资料进行分析是一个过程。这个过程包括资料整理、资料分析和总结。在资料整理时,禁毒社工要对已获得的信息进行核查,去除虚假、无用的资料。经过核查后,资料仍然是零散的、不系统的、杂乱的,禁毒社工要秉持无偏见的价值观对资料进行分类。资料分类可以依据戒毒人员子女的基本信息和背景资料来进行。基本资料包括姓名、性别、年龄、文化程度、家庭成员等。背景资料包括家庭情况、生活经历、就学经历、就业经历、社会关系、经济状况等。这些分类只是基础工作,社工还需要对资料进行分析。资料分析可运用的方法有比较分析、因果分析和结构功能分析。比较分析方法是指通过比较事物或现象,发现其共同之处和差异所在,并由此揭示事物或现象间的内在联系及相互区别的分析方法。最常见、运用最多的比较分析方法有横向比较、纵向比较、一致性比较和差异性比较。因果分析是指通过分析资料厘清各种因果关系,寻找到根源。因果分析法包括归纳分析法和辩证分析法。结构功能分析法是把事物看作一个系统,通过分析系统内各要素间的关系,以及这些要素的不同关系使系统表现出来的不同特征、发挥出来的不同作用,探讨事物存在的原因。对于分析后的资料,社工要及时撰写备忘录进行总结,以利于后期工作的开展。

禁毒社工带着"问题意识"整理资料,枯燥的资料会变成鲜活的对象。在整理和分析资料的过程中,戒毒人员子女的问题和需求也会同时浮现。问题诊断大致包括明确戒毒人员子女的问题域(即类型)、问题的性质、问题的影响及问题的可能走向等。依据不同的划分标准,社工对戒毒人员子女问题的分类是:1.以问题的成因为依据,可以将戒毒人员子女的问题分为内在性问题和外在性问题两大类。内在性问题是指由于戒毒人员子女自身心理、生理方面原因所形成的问题。外在性问题是指由于外在环境因素影响所导致的问题。内在性问题与外在性问题会相互作用产生影响。2.以问题存在的时间为依据,可以把戒毒人员子女的问题区分为短期性问题、中期性问题和长期性问题。3.以问题的危险程度为依据,可以把戒毒人员子女的问题划分为低度危险、中度危险和高度危险的问题。4.以戒毒人员子女的需要为依据,可以把他们的问题分为物质性需要问题和精神性需要问题。物质性需要是指戒毒人员子女生存所必需的物质条件,精神性需要是指戒毒人员子女在精神层面的需求。马斯洛需求层次理论解释了需求满足的一般过程。然而,禁毒社工需要注意的是,在实际生活中,对象需求的满足可能是层层递进的,也可能是跨越式的发展。

资料整理/分析与问题诊断阶段生态系统图(原图)

次数 人数	建立关系			问题诊断	资料整理 资料分析	可开展的服务	
	1次	2次	N次			名称	汇总
1	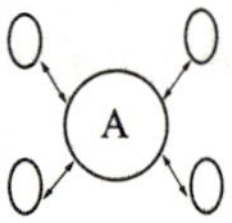	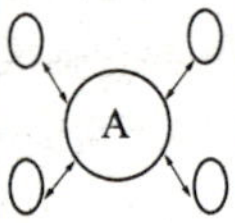	……	课业辅导 参与活动	1.课业辅导:3+N人/年龄/内容/时间等;	爱心 辅导班	人员: A/B/C…… 类型:个案/小组
2	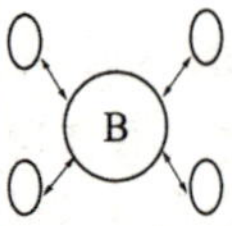	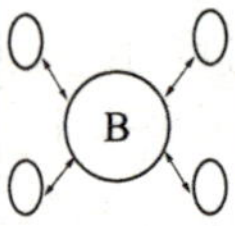	……	课业辅导 经济困难	(2)经济困难:2+N人/饭贴/活动补助/金额/政策等;	经济补助	人员: B/C…… 类型:个案
3	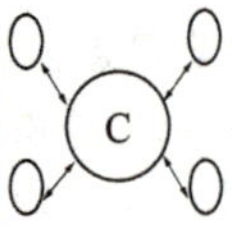	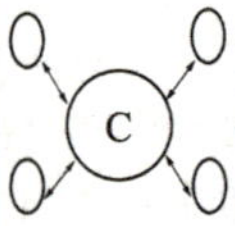	……	课业辅导 经济困难 参与活动	(3)参与活动:1+N人/时间/兴趣等;	大型/ 主题活动	人员: A/C…… 类型:社区工作 ……
N	……	……	……	……	……	……	
需求&服务设计				个体服务	群体需求→群体服务		

禁毒社工通过运用资料整理和分析生态系统图(原图)对所有子女的资料进行综合汇总和分析,既可以关注个体的需求和服务提供,也可以进行群体需求的分析和服务设计。在整理资料和诊断问题的过程中,禁毒社工可以同步设想拟开展的服务。

(四)制订并实施服务计划:计划阶段和实施阶段的生态系统理论运用

服务实施的成效依赖于服务计划的可行性。服务计划由目标、对象和实施策略等三部分组成,其中服务目标的设定至关重要。

服务目标勾勒出了服务的最终效果,是一个期望达到的愿景。服务计划的目标分为总目标和具体目标。总目标是指期望介入的最终阶段获得的较为笼统的、长远的结果，为了完成总目标，需要设定多个具体目标。具体目标是现实可行，并可测量的。总目标和具体目标之间存在着明显的双向可推导的逻辑关系，即总目标是被分解的多个具体目标，因而随着具体目标的逐渐达成，总目标也因此实现。总目标和具体目标设定的最终目的是解决对象的问题。目标设定的过程是禁毒社工运用专业价值伦理，引导对象思考、达成共识、承担责任、共同努力的结果。禁毒社工帮助对象设定目标时，要综合考量相关政策、机构规定、对象的需求和社工的资源等多元因素，再就问题解决的紧迫性和难易度做出相应的排序。服务目标的表述要用正向的语言表达，以强调其成长。

俗话说“计划赶不上变化”，因而禁毒社工可能会忽视服务计划的制订。从实践经验来看，服务计划的设计和实施会出现三种情况：1.实施进度滞后于计划设计。这种情况的出现主要是因为社工过高预估了对象的能力、改变的动机和相关环境的影响，预估存在偏差。社工需要调整计划以适应对象的实际状况；2.实施进度与计划设计一致。这种状况较为理想，表明社工准确地把握了对象的综合状况。3.实施进度比计划设计超前。这种情况是因为社工低估了对象的能力、改变的动机和相关环境的影响。预估虽然略有偏差，但是服务的整体成效较好。禁毒社工需要适时调整计划，以满足对象改变的需求。第一种和第三种都是“计划赶不上变化”的表现，第一种情况从另一个侧面反映了禁毒社工的专业能力还有待提高，而第三种则说明服务设计有效激发了服务对象的潜能，对象有了巨大的改变。因此，上述三种情况均表明了服务计划的重要性及其对服务实施的积极影响。

服务计划制订和实施阶段的戒毒人员子女生态系统图（愿景）

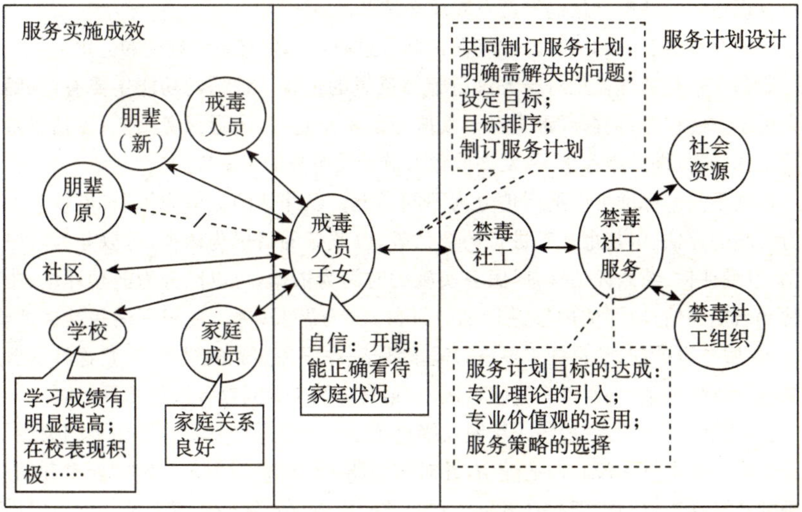

服务计划制订和实施阶段的戒毒人员子女生态系统图（愿景图）将服务计划和最终的服务成效转换成直观的图表形式。通过将其与之前各阶段的生态图进行比较，社工可以发现戒毒人员子女的“理想”和“现实”之间的差距，检讨服务计划制订和实施的

适切性，合理推导计划目标实现的可能性，摸索服务成功的策略。

该图针对服务计划的实施有四点特别值得关注：

1. 专业理论的必然引入。该图给禁毒社工一个重要的指引，即在服务的过程中引入专业理论的重要性。如图所示，禁毒社工会发现只是增加禁毒社工和戒毒人员子女接触的次数和频率，并不一定能够达成服务目标，因此，禁毒社工在服务的时候不仅要有相应的服务数量，更要有相应的服务质量。良好的服务质量不仅要求禁毒社工在服务过程中始终秉持专业价值伦理，发展合适的服务策略，更要求引入专业理论作为服务成效的依据和保障。

2. 社会工作三大方法的灵活运用。该图不仅可用于个案服务，也可用于小组工作和社区工作。在小组工作和社区工作中，服务计划设计部分仍然是一位社工和一项服务，而服务实施部分的戒毒人员子女可以根据对象实际人数增加。运用该图，禁毒社工依然可以在三大社会工作方法之间灵活转换。

3. 在服务设计和实施过程中“给服务做加法”。禁毒社工的服务设计和实施是为了让“服务更适合服务对象”，而非“让服务对象适合服务”。前者，禁毒社工在服务的过程中始终会关注现有服务的适切性，如果有需要，禁毒社工会对服务进行修订和调整，此谓之“给服务做加法”。后者，禁毒社工在服务的过程中会坚持既定的服务计划，在实施的过程中将不符合计划设定的对象不断剔除，此谓之“给服务做减法”。案例对此有所呈现。

4. 在服务中“广开思路”整合资源。俗话说：“没有做不到的，只有想不到的。”在禁毒社工的服务中，此话亦成立。案例中，“爱心辅导班”的禁毒社工就通过整合资源，找到了优秀的教师志愿者，提升了服务品质。禁毒社工要敏感于各类信息，从而能有意识地将资源整合从偶发型发展成必然型。

5. 评估和跟进：评估阶段、结案阶段和跟进阶段的生态系统理论的运用

服务评估是禁毒社工对服务进行整体反思的过程。评估的功能主要有：保障戒毒人员子女的权益；把握戒毒人员子女服务的实施过程，考量服务绩效；评估禁毒社工的工作能力，提升服务水平；发现戒毒人员子女服务的未来方向。

根据不同的标准可以把评估分为不同类型。以评估的主体为依据，可以分为由政府实施的评估、由禁毒社工进行的评估等；以服务的目标为依据，可以分为阶段性评估、过程评估、绩效评估等；以服务实施的时间为依据，可以区分为前期评估、中期评估和后期评估；以评估内容进行划分，可以分为需求评估、过程评估和结果评估。通常，在服务设计前，禁毒社工要进行需求评估；在服务实施的过程中，禁毒社工要对服务进行过程评估；在服务实施临近尾声时，禁毒社工要对服务进行结果评估。

在评估完成之后，一般进入结案及跟进阶段。跟进是指禁毒社工服务结束后，对戒毒人员子女进行一段时期的随访，并对随访期出现的情况做出一定的处理和回应。跟进的意义在于：(1)巩固戒毒人员子女服务的成效；(2)帮助戒毒人员子女获得适时的、有效的服务；(3)辅助戒毒人员子女身心健康成长，更好地融入社会；(4)通过戒毒人员子女成长的正向影响，引导戒毒人员彻底戒断毒瘾，回归家庭和社会；(5)有利于各部门和工作人员之间的信息交流和合作。

评估和跟进阶段的戒毒人员子女生态系统图(实况图)

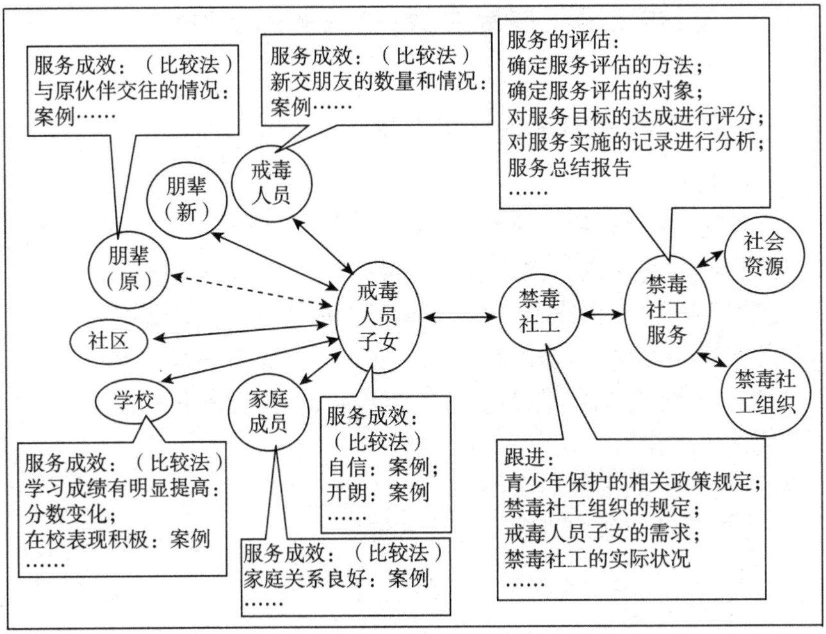

评估和跟进阶段的戒毒人员子女生态系统图(实况图)是指禁毒社工在进入评估和跟进阶段时,对戒毒人员子女接受服务后现状的绘图。该图应真实反映现阶段戒毒人员子女的实际情况。在将该图与之前各阶段的生态图进行比较后,禁毒社工的评估和跟进可以实现如下目标:

1. 通过发生在戒毒人员子女身上的变化,客观评估服务的成效;
2. 通过检讨禁毒社工的工作环节,提升服务质量;
3. 通过分析禁毒社工和戒毒人员子女的服务,为后期服务的开展提供实证依据。

禁毒社工用于比较的服务成效是来源于每个阶段的生态系统图和相关服务记录,其表述可以是量化的数据,或质性的数据。如,戒毒人员子女成绩的提高可以用相应的学校测试成绩为依据。戒毒人员子女家庭关系的改善可以相应的行为变化为参考。这里的行为变化,或是量化测算正向行为出现的频率,或是质性的描述。

二、实践练习

(一) 结合项目,选择一种合适的理论,掌握该理论的知识。

(二) 参考资料中理论的实务运用,进行理论指导下的项目设计。

第三节　身经百战:社会服务项目化

一、实践练习:社会服务项目化运作

(一) 实践步骤

(工作坊/督导会)

1. 督导会,每两周一次;(参见资料 3.9)

2. 项目服务开展的思维方式:“线性”“并行”或其他;(参见资料 3.10)

3. “天使与魔鬼”六格图检视项目质量;(参见资料 3.11)

4. “甘特图”检视项目进展:时间进度控制;服务数量控制。

(项目化运作)

1. 按项目计划书开展实习;

2. 根据服务成效修订项目计划和进度。

3. 撰写相关实习资料。(参见资料 3.12)

(二) 讨论问题

1. 分享项目运作中的感受和触动,包括项目设计、项目管理、项目实施、外在社会环境、人群特质等;

2. 分享个人实践能力提升的过程、经验和技巧等。

二、教学要点(供参考)

(一) 通过有效地督导,给予正向的、成功的项目化运作的经验和感受。

(二) 探讨项目创新、实务研究、价值运用、理论指导、工作方法有机组合、小组合作等对项目化运作成功的积极意义。

(三) 关注项目化运作过程中个人实践能力提升的过程、正向经验的转化和实务技巧等。

三、资料

(一) 督导会要求。

(二) 社会服务的新思维方式:“线性”“并行”或其他。

(三) 身经百战:社会服务项目化运作所需提供的资料。

四、推荐阅读

朱眉华:《社会工作实务(上)》,上海社会科学院出版社。

资料 3.9　督导会要求

一、每两周召开 1 次督导会

二、小组分享时间为 10 分钟

三、小组准备 PPT 报告

四、小组分享内容。

（一）“天使与魔鬼”六格图展示：项目质量和服务成效的预期和实际；

（二）“甘特图”展示：过去两周的项目进展和服务数量变化；

（三）共性专题探讨；

（四）个别感受分享；

（五）指导老师回馈。

资料 3.10　社会服务的新思维方式：“线性”“并行”或其他

一、“线性”：一般（通才）模式影响下的社会服务思维方式

一般（通才）介入模式及其特点①

一般（通才）介入模式是当代流行的一种模式，美国社会工作教育协会把它作为社会工作本科和研究生教育的课程设置标准。

一般（通才）介入模式是社会工作重要的实务模式，它通过一步一步程序来实施设计好的步骤，以解决问题的过程，包括接案、预估、计划、介入、评估、结案和跟进服务等七大步骤。该介入模式不仅适用于做个人的工作，同样也可以用于中观和宏观的层次。

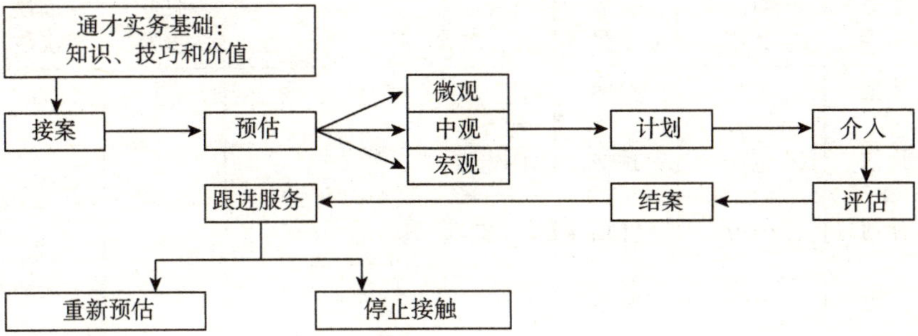

一般（通才）介入模式的特点包括以下几个方面：

1. 运用一般（通才）介入模式，要求社会工作者以专业的价值理念为基础，掌握广博的知识和可以运用于各种目标系统的专业技巧。这是社会工作与其他职业或专业的显著区别之处。

① 朱眉华：《社会工作实务（上）》，上海社会科学院出版社 2003 年版，第 42 - 45 页。

2. 一般(通才)介入模式的核心,体现为七大基本步骤,即接案、预估、计划、介入、评估、结案和跟进服务。该模式特别强调对案主力量的预估。

3. 一般(通才)介入模式就是一种通用的方法。几乎任何问题都可以用这一框架进行分析,并从多层次予以介入。它不仅适用于个案,同样适用于团体、组织,甚至适用于社会政策。这就是社会工作实务的三个层面:微观、中观和宏观。因此,社会工作者有可能要解决的问题会牵涉很大的范围和不同的层次。

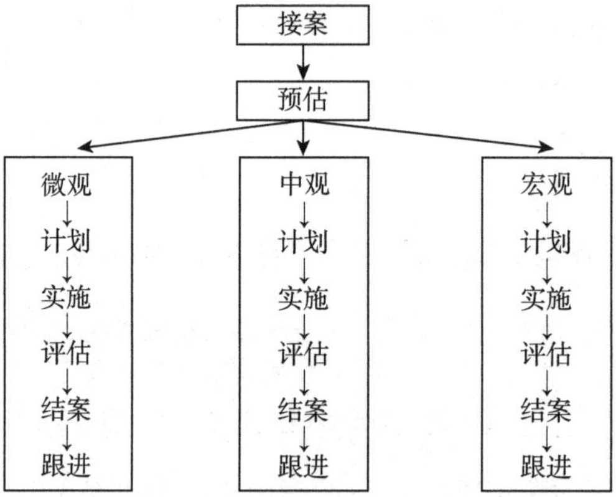

二、"并行":一般(通才)模式影响下社会服务思维方式的再解读

一般(通才)模式影响下社会服务思维方式

"线性"		"并行"		其他	
服务步骤	面谈次数	服务步骤	面谈次数	服务步骤	面谈次数
接案	①	接案	① →		
↓ 预估	② ③……	预估	①,② →		
↓ 计划	……	计划	①,②,③,④ ,⑤…… →		
↓ 实施	……	实施	⑤ …… →		
↓ 评估	……	评估	⑤ …… →		
↓ 结案	……	结案	……N →		
↓ 跟进		跟进	……N−n,N,N+n →		

说明	说明	说明
1.随着服务的开展，面谈次数逐渐增加，依次经历相关步骤。 2.此处的“实施”特指根据计划开展服务。 3.此处的“评估”特指根据计划实施后评估服务成效	1.在服务开展的过程中，单次面谈可能需同时达到几个服务步骤的目的。 2.“计划”是个动态的过程。在服务的过程中，“计划”“实施”和“评估”三者交互影响，决定“结案”的时间。 3.此处的“实施”可以从狭义和广义两个角度加以解释，即狭义的“实施”特指根据计划开展的服务，广义的“实施”则泛指整个服务过程。 4.此处的“评估”可以从狭义和广义两个角度加以解释，即狭义的“评估”特指根据计划实施后评估服务成效，广义的“评估”则是在每次“实施”后就对服务成效作出评估，进而修订“计划”和“实施”策略	

资料 3.11　“天使与魔鬼”六格图的项目化运用

一、“天使与魔鬼”的六格图

“天使与魔鬼”的世界（六格图）

“潘多拉”为“一切灾难的传播者”。每个人都可能是潘多拉，在生活中打开了“潘多拉的盒子”，一些超出个人能力范围的问题开始出现，进而使生活变得混乱、痛苦，一切不再美好。

直到某一天……“天使”降临了！

……也正因为如此，即使人们不断地受苦、被生活折磨，但是心中总是留有可贵的希望，才能自我激励。在死亡以前，希望永远存在，人生也绝对充满了美好的希望。

图 1　潘多拉的盒子	图 2　魔鬼的世界	图 3　大魔鬼 vs.小天使

思考：对于服务对象而言，“潘多拉的盒子”意指什么？为什么？	**思考**：对于服务对象而言，“魔鬼的世界”意指什么？它会是怎样的状况？	**思考**：对于服务对象而言，挑战“大魔鬼”的“小天使”可以是什么？为什么？
图 4　大天使 VS.小魔鬼	**图 5　天使的世界**	**图 6　新生**

思考：对于服务对象而言，“大天使”是怎样产生的？并怎样壮大？	**思考**：对于服务对象而言，“天使的世界”意味着什么？它会是怎样的状况？	**思考**：对于服务对象而言，“新生”的个体是否能够独立应对今后的问题？他/她学到了些什么？

二、“天使与魔鬼”六格图的项目化运用

“天使与魔鬼”六格图的项目化运用

项目化运用 / 天使与魔鬼（一般通才模式）		理论运用步骤	内容侧重				
			项目	个案	小组	社区	其他
图 1	起源：潘多拉的魔盒						
图 2	魔鬼的世界						
	天使降临						
图 3	小天使与大魔鬼						
图 4	小魔鬼与大天使						
图 5	天使的世界						
图 6	新生						

资料 3.12 “身经百战:社会服务项目化运作”所需提供的资料

一、项目服务周记 1 篇
二、项目服务专业服务记录
(一) 个案工作记录,包括预估报告、计划、实施记录、评估和总结。
(二) 小组工作记录,包括预估报告、计划、实施记录、评估和总结。
(三) 社区工作记录,包括预估报告、计划、实施记录、评估和总结。
三、项目督导记录
(一) 小组的项目督导会 PPT。
(二) 小组的项目督导回馈。
四、项目落地的机构/社区等的环境/媒介报告

第四节　百战百胜:社会服务项目化运作的积极转化

一、实践练习:社会服务项目化运作的积极转化

(一) 实践步骤

(工作坊)

1. 掌握项目评估的知识;

2. 运用项目评估方法之程序逻辑模式进行评估;(参见资料 3.13)

3. 尝试对项目进行转化:自主创业、品牌项目或“实务研究”视角下新项目的基础……(参见资料 3.14)

4. 总结并提交实践资料。(参见资料 3.15)

(二) 讨论问题

1. 请思考项目评估的重要性有哪些?

2. 请尝试运用程序逻辑模式评估小组设计的社会服务项目,并反思项目运作的成效和项目评估的意义;

3. 请分析社会服务项目的可持续性发展,或依托项目自主创业,或发展成为品牌项目,或“实务研究”视角下新项目的基础……及其相应的发展策略。

(三) 分享

1. 重视项目评估在项目化运作中的重要性;

2. 掌握项目评估的方法,如程序逻辑模式;

3. 反思项目评估和实务研究之间的正向转化；
4. 了解项目可持续性发展的不同路径和策略；
5. 分享个人实践能力提升的过程、经验和技巧等。

二、教学要点(供参考)

(一) 掌握项目评估及其方法；
(二) 反思实务研究和项目评估之间的正向转化；
1. 关注项目可持续性发展的不同路径和策略；
2. 分享项目运作中的收获；
3. 分享理论—实践的运用；
4. 分享项目运作中个人实践能力提升的过程、正向经验转化和技巧等。

三、资料

(一) 项目评估方法之一程序逻辑模式。
(二) 项目的可持续性发展的路径及其策略。
(三) 项目运作需提交的实践资料。

四、推荐阅读

1. 陈锦棠:《香港社会服务评估与审核》,北京大学出版社。

2. 赖因哈德·施托克曼:《非营利机构的评估与质量改进——效果导向质量管理之基础》,中国社会科学出版社。

3. 威廉·R.纽金特、杰基·D.西帕特、沃尔特·W.赫德森:《21世纪评估实务》,中国人民大学出版社。

4. 戴维·罗伊斯、布鲁斯·A.赛义、德博拉·K.帕吉特、T.K.洛根:《公共项目评估导论(第三版)》,中国人民大学出版社。

资料 3.13　项目评估方法——程序逻辑模式

一、程序逻辑模式

程序逻辑模式[①]

当一个项目已开始实施之后，评估者会将注意力集中于项目的运作及强化策划与最后成果的关系。评估者可以一方面澄清及逐步改善项目的设计，以确保项目目标及项目本身能带来预期的成效。项目评估逻辑模式（或称程序逻辑模式）（program logic model，简称 PLM）是一个可采纳的分析框架。

项目评估的最终目的，是希望项目能按照其原意推行，达到期望中的最终成效。程序逻辑模式利用逻辑思维，协助活动或服务推行者分析项目中各个环节之间的关系。程序逻辑模式假设项目之间各主要组成部分若能环环紧扣，项目成功达标的可能性将会大大提高。

根据美国威斯康星州立大学提出的程序逻辑模式架构（见下图），一个项目的主要组成环节包括：投放资源（inputs）、输出的服务/产品（outputs）、服务的成效及影响（outputs-impact）。若以上各部分的逻辑联系（logical link）得以维持，便会事半功倍。所谓资源投放，是指人力、财力、技术、器材及其他用于项目的各种物资等资源的投入；输出的部分，包括各种有关的项目的宣传、推广以及实质的活动、产品及服务的产出；成功的服务，不只是实时可见的，也包括项目的长远影响。

不过，程序逻辑模式非常看重项目本身的理论基础及假设（assumptions）。这些假设是各项目环节之间的指南针，没有这些假设，项目的推行容易失去方向。举例来说，训练朋辈辅导员（peer counselor）的服务计划项目，背后的假设是肯定朋辈影响对青少年的重要性。再者，许多卫生部门推行的健康宣传教育，大都基于健康知识能影响民众改变行为的假设上。当然，这些假设必须基于理论或实际的研究之上方可成立。换句话说，程序逻辑模式是一个以成效为基础、逻辑为导向的模式。此外，订立短期及长远的成效指标（outcome indicators）时，外在环境及处境分析（situation analysis）不可或缺，每个国家及城市推行同一个项目都会因应实际环境而有所不同。因此，订立成效指标时不能闭门造车，否则便会浪费资源，徒劳无功。

---

① 陈锦棠：《香港社会服务评估与审核》，北京大学出版社 2008 年版，第 17－21 页。

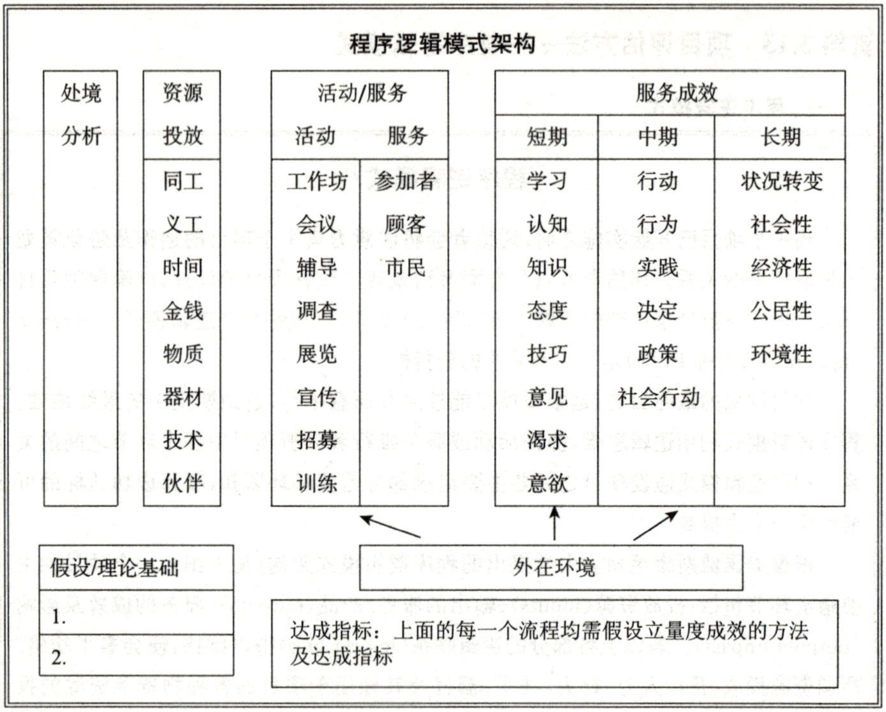

二、练习

（一）运用程序逻辑模式，对各项目进行评估。

（二）分享项目化运作的经验，检讨项目化运作中的优缺点，提出项目改进策略和后续发展策略。

资料 3.14　项目的可持续性发展的路径及其策略

一、项目可持续性发展的路径 1：自主创业

（一）路径

由项目发展出机构。

（二）策略

1. 政策：大学生创业的政策；社会组织注册的相关政策。
2. 资金：收费项目？政府/企业/个人购买项目？如何获得？
3. 人群：怎样找到目标人群？目标人群的需求状况及购买力等。
4. 场地：怎样寻找适合开展服务的地点？
5. 独立和合作：怎样寻求更多的资源和支持？
6. 意义：项目的社会意义、社会影响是什么，使命是什么？

二、项目可持续发展的路径 2：品牌项目

（一）路径

发展为机构的品牌项目。

（二）策略

1. 资金：如何找到合适的机构？如何获得后续资金？

2. 人群：如何扩大受益人群，达到一定的规模效应？如何使项目始终能满足人群的需求？

3. 场地：怎样寻找适合开展服务的地点？

4. 独立和合作：怎样与机构原有服务、项目或资源整合？

5. 意义：品牌项目之于人群、机构和社会的意义是什么？

三、项目可持续发展的路径 3：实务研究视角下的项目

意义：实务研究视角下，关注项目的社会影响、人群福祉和政策建言等。

资料 3.15　项目化运作总结和实践资料

一、项目化运作需递交的资料及装订顺序

（一）项目化运作的报告（每组）

1. 评估报告 1 篇；

2. 总结报告 1 篇；（参考机构年度年报撰写）

3. 新闻报道 1 篇；（200—300 字）

4. PPT 演示资料 1 份。

（二）项目计划书定稿（每组）

（三）项目专业服务记录，按计划书上数量提交。（每组）

1. 个案工作记录：预估报告、计划书、服务记录、评估报告和总结报告。

2. 小组工作记录：预估报告、计划书、服务记录、评估报告和总结报告。

3. 社区工作记录：预估报告、计划书、服务记录、评估报告和总结报告。

4. 项目服务周记，每周 1 篇。（每人）

5. 项目服务小时数证明。（纸版，盖章）

附：个人计划书和每组项目计划书不同的修改版本

（四）以上资料均包括文字资料和影像资料，电子版和纸版，且按组装订成册。

二、项目化运作递交资料的格式要求

（一）封面和目录。（后附）

（二）标题：黑体，三号，居中，加粗。

（三）大标题：宋体，四号，左对齐，加粗，1.5 倍行距。

（四）小标题：宋体，四号，左对齐，1.5 倍行距。

（五）正文：宋体，小四号，1.5 倍行距。

（六）参考文献：宋体，五号，1.5 倍行距。

三、实务研究资料的封面和目录

评分标准（分值/每项） 评分内容	实践能力提升（个人）	项目化运作成功完成（小组）	实践小时数达成（小组）	实践资料完整（小组）	成绩
	10 分	7 分	4 分	4 分	25 分
项目设计（25 分） 项目创新 项目中融入实务研究的视角和方法 项目中理论的运用 项目中社会工作方法的运用					
项目实施（50 分） 能按时完成项目 能按量完成项目 能按质完成项目					
项目评估/总结（25 分）					
总分（100 分）					

实习二　项目化运作

<u>（每组自拟的题目）</u>

学生姓名：________________

班　　级：________________

年　　月　　日

目　录

（按组排序）

一、项目化运作报告（每组自拟题目）

（一）评估报告 1 篇。

（二）总结报告 1 篇。（参考机构年度年报撰写）

（三）新闻报道 1 篇。（200—300 字）

（四）PPT 演示资料 1 份。

二、项目计划书定稿（每组）

三、项目专业服务记录，按计划书上数量提交（每组）

（一）个案工作记录：预估报告、计划书、服务记录、评估报告和总结报告。

（二）小组工作记录：预估报告、计划书、服务记录、评估报告和总结报告。

（三）社区工作记录：预估报告、计划书、服务记录、评估报告和总结报告。

附：个人计划书和每组项目计划书的修改版本

（按个人排序）

四、个人反思：专业价值和实践能力

五、个人的项目化运作周记（按个人，按日期）

六、个人的项目化运作服务小时数证明（每人 1 份，纸版，盖章）

* 附电子版本

证　明

兹证明华东理工大学社会工作硕士________级________（姓名）自__________至__________在__________开展了____________________项目，共计________（小时）。

特此证明！

机构签章：

年　　月　　日

** 项目化运作小时数是指依据项目计划书，每人完成的服务时间为120小时。*

第五节　总结

一、实践总结和分享

（工作坊）

（一）回顾项目化运作中对社会工作的反思和收获。

（二）比较个人的实践能力提升计划，分享在项目化运作中个人实践能力提升的过程和经验等。

（三）提交项目化运作的实践资料，并评分。

二、教学要点（供参考）

（一）掌握项目化运作的知识。

（二）实施成功的项目化运作：设计、运作和评估。

（三）反思个人能力提升计划及习得状况。

模块四　综合实习

综合实习是一个回顾和巩固的阶段。它不仅要求社会工作硕士回顾个人在自我成长、实务研究和项目化运作等模块所习得的知识和提升的实践能力，更期望在此环节能将这些知识和能力内化，并灵活运用，为即将开始的社会工作生涯尽量做好充足的准备。

一、实践目标

（一）掌握社会工作直接服务的三大工作方法：个案工作、小组工作和社区工作。

（二）掌握社会工作间接服务的知识：机构报告、实务研究、项目设计和社会工作行政。

（三）整合理论—实践的运用。

（四）习得和巩固社会工作硕士学习实践的能力。

二、实践安排

（一）实践时间：研究生二年级第一学期，第1周到第20周。

（二）实践形式

1. 工作坊，包括启动会、计划交流会、专题分享会[①]、项目书交流会和总结会，至少4次，每次3小时，至少约12小时。

2. 专业督导，每两周1次，至少8次，每次1小时/人，约8小时/人。

3. 综合实习，19周，每周40小时（5天工作制，每天8小时），约740小时；个人在机构中独立完成。

---

① 专题分享会根据学生实习的实际情况来确定，如老人服务专题分享、青少服务专题分享。

三、实践小时数

（一）综合实习：小时数共计 760 小时。

（二）综合实习小时数是工作坊、专业督导和综合实习时间的总和。

四、实践要求

（一）每个学生独立完成实践内容。

（二）学生在社会工作及相关机构开展实习。

（三）学生需递交实习申请，审核通过后方可开始实习。

（四）学生所在的实习机构能支持实习任务的完成。

（五）学生在机构实习时间为每周至少 5 天，约每周 40 小时。

（六）实习期间为每位学生配 1 位机构督导和 1 位指导老师。

（七）实习的工作坊和个别督导由实习指导老师和实习学生共同参加，也可根据需要邀请机构督导参加，至少 8 次。

（八）机构督导能提供力所能及的专业指导，约每周 1 小时。

1. 对实践指导老师的要求

(1) 指导老师由社工系专业教师担任；

(2) 指导老师在实习开始后需进行机构探访；

(3) 指导老师与机构督导保持联系，共同跟进实习进展；

(4) 指导老师帮助学生制订实习计划书；

(5) 指导老师为学生提供必要的专业督导；

(6) 指导老师需参加各类实习工作会议；

(7) 指导老师依据机构督导意见、学生实习表现完成实习评估及评分。

2. 对实践机构督导的要求

(1) 机构督导由具有社会工作背景或有丰富工作经验的机构工作者担任；

(2) 机构督导需安排学生了解机构；

(3) 机构督导与指导老师保持联系，共同跟进学生实习；

(4) 机构督导需协助学生完成实习计划书；

(5) 机构督导为学生提供必要的实习督导，定期召开督导会；

(6) 机构督导需提供必要的资源，以使学生能完成商定的实习计划；

(7) 机构督导对学生出勤及态度进行评分；

(8) 机构督导在学生实习结束时提供真实的实践证明。

3. 对实践机构的要求

(1) 能为学生提供一个良好的学习机会、环境和氛围；

(2) 能为学生提供有关机构的资料和工作导引；

(3) 能安排有社工专业背景或丰富社会工作经验的工作者担任机构督导；

(4) 能支持机构督导定期与学生召开专业督导会；

(5) 在可能的情况下，为学生提供经济和行政上的支持；

(6) 能与实习指导老师保持联系，对学生的表现及相关实习工作提出建设性意见。

五、实践经费来源

(一) 由实习机构提供一定的实习经费。

(二) 或由学校提供一定的实习经费。

六、实践过程

综合实习共分四个阶段，分别为实习启动阶段、实习计划阶段、实习阶段和实习总结阶段。

七、实践内容

(一) 直接服务

1. 个案工作，1 个；

2. 小组工作，1 个；

3. 社区工作，1 个。

(二) 间接服务

1. 机构报告，1 篇；

2. 项目设计，1 份；

3. 社会工作实务研究，1 项；

4. 社会工作行政，若干。

八、实践评分标准

(一) 评分要求

1. 个人实践能力的提升能达到或超过实践计划中设定的目标；

2. 个人能按要求独立完成综合实习；

3. 个人能选择适合的理论完成实践；

4. 个人能按要求完成规定的实习小时数；

5. 个人能按要求完整的递交实习资料。

（二）评分标准

评分标准（分值） 评分内容	实践能力提升		综合实习完成		实践小时数达成		实践资料完整		成绩	
	20 分		14 分		8 分		8 分		50 分	
	督导 10 分	老师 10 分	督导 7 分	老师 7 分	督导 4 分	老师 4 分	督导 4 分	老师 4 分	督导 25 分	老师 25 分
直接服务 ——个案工作及理论运用 ——小组工作及理论运用 ——社区工作及理论运用										
间接服务 ——机构报告 ——项目设计 ——实务研究报告 ——总结报告										
总分(100 分)										

第一节　实习启动阶段

一、实习启动阶段

(一) 实习启动会(第 1 周)

1. 实践步骤

(工作坊)

(1) 指导老师明确实习要求和任务；

(2) 指导老师告知综合实习管理制度；(参见资料 4.1)

(3) 学生递交实习申请，并联系实习机构；(参见资料 4.2)

(4) 学生递交综合实习的实践能力提升计划。

2. 讨论和分享

(1) 请反思过往经历和未来发展对个人选择实习机构的影响；

(2) 请明确综合实习的实习任务要求；

(3) 请思考个人的实践能力提升计划。

(二) 实习启动:机构拜访(第1周)

1. 实践步骤

(综合实习)

(1) 学生确认实习机构；

(2) 学生完成实习日志;(参见资料4.3)

(3) 指导老师完成实习机构的初次拜访。(参见资料4.4)

2. 讨论和分享

指导老师、实习学生和机构督导三方共同确认实习机构能支持个人完成实习任务。

二、教学要点(供参考)

(一) 确认实习机构符合实习要求和学生个人兴趣等。

(二) 拜访机构,确认机构能给予综合实习必要的支持。

三、资料

(一) 综合实习管理制度。

(二) 综合实习申请表。

(三) 实习日志。

(四) 指导老师机构拜访表。

资料 4.1 综合实习管理制度

综合实习管理制度

一、实习制度

（一）遵守社会工作职业守则。

（二）遵守综合实习要求，完成规定实习时间和任务。

（三）遵守实习机构的行政规则、工作步骤、工作政策等。

（四）按时完成实习手册的各项要求。

（五）按时并主动与指导老师、机构督导联系。

（六）保持创新性、积极性和责任感，为社会工作专业发展做出贡献。

二、投诉处理

（一）学生因在实习态度、实习纪律、实习守则所规定的其他方面表现不佳而受到实习机构投诉且情况属实者，受投诉一次，学校将予以严重警告。

（二）受投诉两次，学校将取消学生本学期的实习资格。该学生将同下一届学生一起进行综合实习，视为重修。

（三）学生在重修期间再次受到投诉且情况属实者，学校将取消其实习资格，实习成绩计为零分。

资料 4.2

综合实习申请表

学生姓名		学　　号	
班　　级		联系方式	
实习机构			已确认（　） 待确认（　）
备选实习机构			已确认（　） 待确认（　）
理由陈述（以前的社会工作实践经验、选择该机构完成专业实习的原因、实习期望、预期目标及学习效果、其他） 签名： 年　　月　　日			

社工系意见： （一）同意实习学生申请。（　） （二）不同意实习学生申请，请与指导老师商讨。（　） 商讨结果（实习机构）： 指导老师签名： 年　月　日

资料 4.3　实习日志

一、综合实习日志记录要求

（一）综合实习日志每 2 天完成 1 篇，并及时发至指导老师和机构督导邮箱。

（二）递交资料时需同时递交。（按日期排序）

二、综合实习日志格式

综合实习日志 学生姓名：____________________ 实习日期：____________________　　实习时间：________ 两天实习内容：   感受及反思：

资料 4.4

综合实习指导老师机构拜访表

<table>
<tr><td colspan="6">一、基本信息</td></tr>
<tr><td colspan="2">学生姓名</td><td colspan="2"></td><td>联系电话</td><td></td></tr>
<tr><td colspan="2">指导老师姓名</td><td colspan="2"></td><td>联系电话</td><td></td></tr>
<tr><td colspan="6">二、机构信息</td></tr>
<tr><td colspan="2">实习机构名称</td><td colspan="2"></td><td>实习机构地址</td><td></td></tr>
<tr><td colspan="2">机构督导</td><td colspan="2"></td><td>联系电话</td><td></td></tr>
<tr><td colspan="6">三、拜访事宜</td></tr>
<tr><td colspan="2">拜访事宜</td><td colspan="2">完成情况</td><td colspan="2">说明</td></tr>
<tr><td colspan="2">(一) 介绍综合实习的目标、要求和任务</td><td>□ 介绍</td><td>□ 未介绍</td><td colspan="2"></td></tr>
<tr><td colspan="2">(二) 听取机构介绍</td><td>□ 听取</td><td>□ 未听取</td><td colspan="2"></td></tr>
<tr><td colspan="6">(三) 沟通并确认实习内容可完成情况</td></tr>
<tr><td rowspan="3">1. 直接服务</td><td>个案工作</td><td>□ 可完成</td><td>□ 不可完成</td><td colspan="2"></td></tr>
<tr><td>小组工作</td><td>□ 可完成</td><td>□ 不可完成</td><td colspan="2"></td></tr>
<tr><td>社区工作</td><td>□ 可完成</td><td>□ 不可完成</td><td colspan="2"></td></tr>
<tr><td rowspan="3">2. 间接服务</td><td>项目设计</td><td>□ 可完成</td><td>□ 不可完成</td><td colspan="2"></td></tr>
<tr><td>实务研究</td><td>□ 可完成</td><td>□ 不可完成</td><td colspan="2"></td></tr>
<tr><td>社会工作行政</td><td>□ 可完成</td><td>□ 不可完成</td><td colspan="2"></td></tr>
<tr><td colspan="2">3. 沟通学生个人实践能力提升计划</td><td>□ 可协助</td><td>□ 不可协助</td><td colspan="2"></td></tr>
<tr><td colspan="2">4. 感谢并给予拜访回馈</td><td></td><td></td><td colspan="2"></td></tr>
<tr><td colspan="6">四、拜访回馈</td></tr>
<tr><td colspan="3">回馈意见</td><td colspan="2">实习意见</td><td>处理建议</td></tr>
<tr><td colspan="3">(一) 机构能支持学生完成所有的综合实习任务</td><td colspan="2">□ 同意实习</td><td>/</td></tr>
<tr><td colspan="3" rowspan="2">(二) 机构能支持学生完成部分实习任务</td><td colspan="2">□ 同意实习</td><td>增补其他实习机构，或制订符合机构/学校/学生需求的实习计划</td></tr>
<tr><td colspan="2">□ 不同意实习</td><td>调整实习机构</td></tr>
<tr><td colspan="3">(三) 机构不能支持学生完成实习任务</td><td colspan="2">□ 不同意实习</td><td>调整实习机构</td></tr>
<tr><td colspan="2">指导老师签名：</td><td colspan="2">学生签名：</td><td colspan="2">拜访日期：</td></tr>
</table>

*增补或调整实习机构，由学生、机构督导和指导老师三方共同商定，并执行。

第二节　实习计划阶段

一、实习计划阶段(第 2—3 周)

(一) 综合实习

1. 实践步骤

(1) 了解实习机构,完成机构报告;(参见资料 4.5)

(2) 与指导老师和机构督导沟通,商定实习计划;(参见资料 4.6)

(3) 完成实习日志。

2. 讨论和分享

(1) 学生充分了解机构及其资源,支持或阻碍实习的各种状况;

(2) 学生结合实习任务和实务能力提升,尝试获得机构督导和指导老师的专业支持,并完成实习计划。

(二) 实习计划交流会

1. 实践步骤

(工作坊)

(1) 完成机构报告;

(2) 交流实习计划,并确定每个学生的实习任务能够完成;

(3) 分享实习感受。

2. 讨论和分享

(1) 讨论每个学生的实习计划,能从时间、数量、理论支持、实务研究等角度保障学生的实习质量;

(2) 探讨计划能帮助学生达成实务能力提升的目标。

二、教学重点(供参考)

(一) 确认实习机构能够支持综合实习,或做调整。

(二) 确认实习计划切实可行,能按时、按量和按质地完成实习任务。

(三) 确认理论—实践的运作。

(四) 引导学生反思机构认识对于专业服务开展的重要性。

(五) 引导学生通过实习任务反思个人实践能力的提升。

三、资料

(一) 综合实习机构报告。

(二) 综合实习计划书。

资料 4.5　综合实习机构报告

综合实习机构报告

标题：＊＊＊机构报告

一、基本信息

学生姓名

学号

班级

实习机构

机构督导

指导老师

二、实习机构报告的内容

（一）实习机构的背景、宗旨、使命和目的等。

（二）实习机构的服务/项目开展情况，包括曾经开展过的服务/项目、正在开展的服务/项目和拟开展的服务/项目。

（三）实习机构的一般运作模式，包括资金来源、行政架构、服务对象等。

（四）实习机构的优缺点。

（五）实习机构的未来发展及可能的限制。

资料 4.6　综合实习计划书

综合实习计划书

一、基本信息

学生姓名

学号

班级

联系方式（电话/电子邮箱）

实习机构

机构督导

联系方式（电话/电子邮箱）

指导老师

联系方式（电话/电子邮箱）

二、实践能力提升目标

通过完成实习内容，实现个人设定的提升实践能力的目标。

三、实习内容

（一）直接服务及理论框架

1. 个案工作方案及理论框架

2. 小组工作方案及理论框架

3. 社区工作方案及理论框架

（二）间接服务及理论选择

1. 项目设计

2. 实务研究

3. 社会工作行政

4. 其他

四、实习时间和进度的安排

周	日期	目标	内容	地点
1				
2				
3				
4				
5				
6				
7				
8				
9				
10				
11				
12				
13				
14				
15				
16				
17				
18				
19				
20				

五、回馈意见

☐ 同意实习，实习计划书通过。

☐ 同意实习，实习计划书需调整。

☐ 不同意实习，重新找机构并/或重写实习计划书。

实习学生签名：____________

机构督导签名：____________

指导老师签名：____________

日期：____________

第三节　实习阶段

一、实习阶段

（一）综合实习（第4—19周）

1. 实践步骤

（1）按实习计划完成实习；

（2）完成直接服务：个案工作运用及记录；（参见资料4.7）

（3）完成直接服务：小组工作运用及记录；（参见资料4.8）

（4）完成直接服务：社区工作运用及记录；（参见资料4.9）

（5）完成间接服务：项目计划书；（参见资料4.10）

（6）完成实习日志。

2. 讨论和分享

（1）学生就直接服务开展状况，与机构督导和指导老师保持沟通，获得专业实习的支持和辅导；

（2）每两天学生向机构督导和指导老师递交实习日志，分享实习内容、困惑和收获，获得专业实习的支持和辅导；

（3）学生能从实践能力提升的角度反思实习任务的开展。

（二）专业督导（第4—19周，每两周1次，≥8次，每次1小时/人）

1. 实践步骤

（1）指导老师和学生每两周召开1次专业督导会（≥8次，每次1小时/人），并记录；（参见资料4.11）

（2）专业督导的形式：个别督导或团体督导；

（3）学生分享实习情况，获得专业支持。

2. 讨论和分享

（1）学生分享过往两周的实习进度、实习困惑和实习收获等；

（2）指导老师提供专业支持和指导。

（三）工作坊：专题分享会

1. 实践步骤

（1）选取学生实习中普遍涉及的领域或社会热点，召开专题分享会；

（2）聘请专业人士与会分享。

2. 讨论和分享

（1）获得专业认识的分享和支持；

（2）分析理论—实践的适切性及运用；

（3）反思个人实践开展过程中应对的异同。

二、教学重点(供参考)

（一）与机构督导一起，协助学生按实习计划完成实习。

（二）通过工作坊中的专题讲座和专业督导，定期督导学生，给予学生专业上、情绪上和心理上的支持。

（三）分享和反思理论—实践的运用。

（四）习得和巩固学生实践能力的提升。

三、资料

（一）个案工作运用及记录。

（二）小组工作运用及记录。

（三）社区工作运用及记录。

（四）项目计划书。

（五）综合实习专业督导要求及格式。

资料 4.7　综合实习个案工作运用及记录要求

一、学生独立完成 1 个个案工作

二、个案工作及记录

（一）接案及记录

（二）预估及记录

（三）理论运用及记录

（四）介入计划及记录

（五）介入面谈及记录

（六）评估及记录

（七）结案及记录

三、反思

（一）专业知识的运用：价值观/伦理、理论知识、工作方法及技巧

（二）资源分析：政策、文化、机构及其他资源

（三）实践能力的提升

四、个案工作流程图（参考）

综合实习个案工作流程图

第一次面谈的记录（来访人员姓名，社工姓名，接待日期，来访方式，来访原因，面谈过程，下次约见的时间等），同时判断是否成为服务的案主

→ 否：转介或终结

↓

是：进行正式的个案服务

↓

接案/预估：面谈2次左右

1. 接触的性质与次数
2. 案主的基本信息收集

个人：案主的姓名、性别、年龄、婚姻状况、职业、工作性质、教育程度、开始个案的工作日期、简单的个人社会历史、身体与精神状态等

家庭：父母（姓名、性别、年龄、婚姻状况、职业、工作性质、教育程度、开始个案工作日期等）、生活经济条件、生活环境、家庭结构、家庭成员关系与社会支持网络等

3. 案主呈现的问题
4. 工作员对案主的初步评估：罗列案主的问题、服务介入的理论模式、问题介入的先后次序、案主的优势与可利用的解决问题的资源的等
5. 服务计划：长期/短期目标
6. 其他重要资料

↓

理论—实践的运用（选取合适的理论）

↓

制订服务计划：面谈1次左右

1. 案主基本信息
2. 确定每次面谈的时间
3. 确立合适的理论服务框架
4. 具体的服务计划（按计划书的要求书写）
5. 双方共同商讨
6. 确定服务计划书（社工、案主和机构各存一份）

↓

介入：面谈次数依据实际需要确定

1. 按照服务计划进行服务介入
2. 完成每次的面谈记录
3. 在不断评估的基础上，介入期间可以调整服务计划，以适应案主新呈现的问题

↓

→ 在介入阶段通过评估，如果判定案主的问题超出了社工服务的范围，可以根据机构规定，对案主进行转介

评估/结案

1. 完成结案的评估报告
2. 在结案前的1—2次面谈时告诉结案的安排
3. 完成结案报告

↓

跟进：根据机构的规定或者案主的实际需要进行跟进

五、个案工作记录表

综合实习个案工作计划书

□ 主动求助　□ 机构转介　□ 政策规定

案主姓名：________________________
性别/年龄：________________________
联系电话：________________________
家庭住址：________________________

开案机构：________________________
社工姓名：________________________
联系电话：________________________
机构地址：________________________

问题预估：

服务目标（需要了解的案主期望目标、机构目标和社工服务目标）
总目标：
分目标：

服务计划

服务日期	服务目标	服务内容	服务地点	案主/社工

案主签名：　　　　社工签名：　　　　督导签名：
日期：　　　　日期：　　　　日期：

综合实习个案工作面谈记录

☐ 接案/预估记录　　☐ 面谈记录

案主姓名：__________________

性别/年龄：__________________

面谈日期/时间：_____________

面谈地点：__________________

面谈的次数：第____次

社工：______________________

个案服务	督导建议
此次面谈的目标 理论—实践的运用 面谈内容及过程 面谈后社工对案主的评估 案主呈现的问题现况（社工对案主的观察） 社工对案主问题进展与个案的优处分析 对面谈评估 面谈目标达致程度（社工的角度、技巧和方法） 下次面谈计划	

综合实习个案工作评估/结案报告

一、案主的基本信息

案主姓名

性别/年龄

个案开始日期

个案结束日期

面谈的次数:第____次

二、接触次数与形式

电话接触次数:共____次

个别面谈次数:共____次

家访次数:共____次

其他接触:共____次

三、案主的问题

案主呈现的表面问题、问题的影响和案主的处理方法

案主的实际问题及其原因分析

四、对案主的一般描述

外貌 / 性情 / 情绪表现 / 其他

五、案主的社会背景

案主的教育与工作背景 / 案主的家庭结构与关系 / 案主的社会支持网络 / 案主的社会背景与呈现和实际问题的关系 / 其他

六、案主的生活状况

生活环境 / 案主及其家庭收入与经济情况 / 案主家庭生活起居习惯 / 其他

七、社工对案主的评估

案主问题的可能起因、影响问题发展的因素及其对案主的影响

八、案主服务目标及其达成评估

九、个案服务理论与实践的过程

从接案到结案理论和实践整合运用过程和目标实现程度

十、社工提供的服务

社工所提供服务的形式、方法、理论运用及其目标实现程度

十一、社工对案主的未来发展计划建议

十二、案主对结案的接受程度

十三、个案工作反思

1. 专业知识的运用：价值观/伦理，理论知识、工作方法及技巧；

2. 资源分析：政策、文化、机构及其他资源；

3. 实践能力的提升。

十四、其他重要资料(附录)

十五、机构评估/结案意见

十六、工作者信息

社工姓名：

联系电话：

机构名称：

联系电话：

机构督导：

综合实习个案工作转介报告

一、案主的基本信息

案主的姓名

性别/年龄

个案开始日期

个案结束日期

面谈的次数:第　　次

二、接触次数与形式

电话接触次数：　共　　次

个别面谈次数：　共　　次

家访次数：　　　共　　次

其他接触：　　　共　　次

三、案主的问题

案主呈现的表面问题、问题的影响及案主的处理方法 / 案主的实际问题及其原因分析

四、对案主的一般性描述

外貌 / 性情 / 情绪表现 / 其他

五、案主社会背景

案主的教育与工作背景 / 案主的家庭结构与关系 / 案主的社会支持网络 / 案主的社会背景与呈现和实际问题的关系 /其他

六、案主的生活状况

生活环境 / 案主及其家庭收入与经济情况 / 案主及其家庭的生活起居习惯 / 其他

七、社工对案主的评估

案主问题的可能起因、影响问题发展的因素及其对案主的影响 / 转介原因 / 机构的相关规定

八、个案服务理论和实践的过程

从接案到转介个案服务理论和实践整合运用与目标实现程度

九、社工提供的服务

社工提供的服务形式，以及服务目标的实现程度

十、案主对转介的接受程度

十一、个案工作反思

1. 专业知识的运用：价值观/伦理，理论知识、工作方法及技巧；
2. 资源分析：政策、文化、机构及其他资源；
3. 实践能力的提升。

十二、其他重要资料（附录）

十三、机构转介意见

十四、工作者信息

转介社工姓名：
联系电话：
转介日期：
机构督导：
联系电话：
机构名称：

接案社工姓名：
联系电话：
接案日期：
机构督导：
联系电话：
机构名称：

资料 4.8　综合实习小组工作运用及记录

一、学生独立完成 1 个小组工作

二、小组工作及记录

（一）小组工作需求调查

（二）小组工作计划书（小组服务设计节数合理）

（三）小组工作及记录（每次）

（四）小组工作评估报告

（五）小组工作总结报告（包括照片、摄影等）

三、反思

（一）运用专业知识：价值观/伦理，理论知识、工作方法及技巧

（二）分析资源状况：政策、文化、机构及其他资源

（三）分享和反思理论—实践的运用

（四）提升实践能力

四、小组工作记录表

综合实习小组工作计划书

一、小组名称

二、理念：理论架构

机构之服务宗旨及内容，工作对象之需要

三、小组目的

四、服务对象 / 参加者人数

五、小组招募和宣传

六、具体服务计划（表格形式）

日期：

时间：

地点：

目标：

内容：

责任分工：

所需资源：人、物质

七、预计会出现的困难及解决方案

八、财政预算

九、评估方法

综合实习小组工作记录

小组名称：
小组聚会日期及时间：
小组聚会次数：
社工姓名：
出席人员：

此次聚会的目标

服务过程记录

服务过程记录	督导
小组服务的内容和过程记录 （一）个别组员的表现：参与和表现／角色／与上次聚会比较有何改变 （二）小组互动：沟通和交往模式／小组气氛／小组规范／小组凝聚力／领导模式／解冲突的方式／次小组等 内容分析：社工介入技巧分析／社工感受	

评估：
目标有否达到／活动的适切性：内容及方式／小组发展的阶段及方式／社工的专业态度及所运用的知识和技巧

对下次服务的建议和调整方案

综合实习小组工作的评估/总结报告

一、背景资料

小组名称 / 小组性质 / 小组周期 / 小组共聚会次数 / 小组聚会密度 / 每次聚会的时间 / 出席状况

二、小组目标及其达成评估

三、评估内容

(一) 小组目标是否达到

(二) 招募及宣传

(三) 小组结构:所招募的组员,聚会时间,长度,地点,费用等是否合适

(四) 小组理论的适切性

(五) 活动的适切性:内容及方式

(六) 个别组员的表现和改变

(七) 小组互动:沟通和交往模式 / 小组气氛 / 小组规范 / 小组凝聚力 / 领导模式 / 解决冲突的方式

(八) 小组发展的阶段及方式

(九) 社工专业态度及所运用的知识和技巧

四、财政报告

五、遇到的困难

六、小组工作反思

(一) 专业知识的运用:价值观/伦理,理论知识、工作方法及技巧

(二) 资源分析:政策、文化、机构及其他资源

(三) 实践能力的提升

七、工作者信息

社工姓名:____________________

联系电话:____________________

机构督导:____________________

联系电话:____________________

机构名称:____________________

附录:参加者资料:姓名、性别、年龄、被转介或自愿参与、通过何渠道参与等

资料4.9 社区工作运用及记录

一、学生独立完成1个社区工作

二、社区工作及记录

（一）社区工作需求调查

（二）社区工作策划书

（三）社区工作评估/总结报告（包括照片、摄影等）

三、反思

（一）运用专业知识：价值观/伦理，理论知识、工作方法及技巧

（二）分析资源状况：政策、文化、机构及其他资源

（三）分享和反思理论—实践运用

（四）提升实践能力

四、社区工作记录表

综合实习社区工作策划书

一、服务名称

二、理念

理论架构 / 机构之服务宗旨及内容

三、社区工作目标

四、服务策划安排

服务对象 / 服务日期 / 时间 / 地点 / 预计参加人数 / 所需人力及工作分配 / 资源 / 工作时间表 / 活动内容及方式

五、招募及宣传

六、财政预算

七、预计会出现的困难和解决的方案

八、评估方法

综合实习社区工作服务评估/总结报告

一、背景资料

服务名称 / 服务日期 / 时间 / 地点 / 出席人数 / 所需人力资源

二、社区工作目标

三、理论运用的适切性

四、服务内容的评估

五、服务媒介的适切性

六、服务参与程度及气氛

七、宣传及招募

八、服务场地及环境

九、人力和资源安排

十、财政报告

十一、所遇到的困难

十二、社区工作反思

（一）专业知识的运用：价值观/伦理，理论知识、工作方法及技巧

（二）资源分析：政策、文化、机构及其他资源

十三、实践能力的提升

十四、附录

参加者资料：姓名、性别、年龄、被转介或自愿参与、通过何渠道参与等

十五、工作者信息

社工姓名：____________________

联系电话：____________________

机构督导：____________________

联系电话：____________________

机构名称：____________________

资料 4.10　综合实习项目计划书

一、项目计划书来源：上海社区公益创投项目

二、项目计划书来源网站：上海公益招投标网 / 项目 / 创投项目 / 上海社区公益创投项目（http://www.gysq.org/sqgy/Web/tender/zxsq4.aspx.）

资料 4.11　专业督导要求及格式

一、专业督导要求

（一）每两周召开一次专业督导会，并作督导记录

（二）专业督导会至少召开 8 次

（三）递交资料时需同时递交（按日期排序）

二、专业督导记录格式

综合实习专业督导记录

学生姓名：

指导老师：

日期：

专业督导内容：

专业需求及督导回应：

第四节　实习总结阶段

一、实习总结

（一）综合实习（第 19—20 周）

1. 实践步骤

（1）按实习计划，完成实习任务；

（2）提前告知机构实习结束的日期；

（3）完成相关工作的转介；

（4）指导老师完成实习总结回访；（参见资料 4.12）

（5）在实习机构，学生、机构督导和指导老师完成实习小结。

2. 讨论和分享

（1）学生分享实习收获，包括实践内容达成和实践能力提升；

（2）机构督导给予回馈，并评分；

（3）指导老师和学生感谢机构和机构督导的支持。

（二）实习总结会（第 20 周）

1. 实践步骤

（1）项目计划书 PPT 报告；

（2）实务研究 PPT 报告；

（3）实习总结 PPT 报告；（参见资料 4.13）

（4）分组督导；

（5）向指导老师和机构督导递交所有实习资料。（参见资料 4.14）

2. 讨论和分享

（1）分享项目计划书；

（2）分享实务研究报告；

（3）分享实习总结报告；

（4）分享个人实习收获和实践能力提升状况。

二、教学要点（供参考）

（一）回访机构，并感谢其给予的大力帮助；

（二）分享实习任务完成的过程和正向经验；

（三）分享和反思理论—实践的运用；

（四）关注学生实践能力的提升。

三、资料

（一）指导老师机构回访表；

（二）综合实习总结报告；

（三）综合实习所需递交资料。

资料 4.12

综合实习指导老师机构回访表

<table>
<tr><td colspan="5">一、基本信息</td></tr>
<tr><td colspan="2">学生姓名</td><td></td><td>联系电话</td><td></td></tr>
<tr><td colspan="2">指导老师姓名</td><td></td><td>联系电话</td><td></td></tr>
<tr><td colspan="5">二、机构信息</td></tr>
<tr><td colspan="2">实习机构名称</td><td></td><td>实习机构地址</td><td></td></tr>
<tr><td colspan="2">机构督导</td><td></td><td>联系电话</td><td></td></tr>
<tr><td colspan="5">三、回访事宜</td></tr>
<tr><td colspan="2">回访事宜</td><td colspan="2">完成情况</td><td>说明</td></tr>
<tr><td colspan="2">(一) 告知实习即将结束,并给予感谢</td><td>□ 介绍</td><td>□ 未介绍</td><td></td></tr>
<tr><td colspan="2">(二) 分享学生实习情况</td><td></td><td></td><td></td></tr>
<tr><td rowspan="3">1. 直接服务</td><td>个案工作及理论框架</td><td>□ 完成</td><td>□ 未完成</td><td></td></tr>
<tr><td>小组工作及理论框架</td><td>□ 完成</td><td>□ 未完成</td><td></td></tr>
<tr><td>社区工作及理论框架</td><td>□ 完成</td><td>□ 未完成</td><td></td></tr>
<tr><td rowspan="3">2. 间接服务</td><td>项目设计</td><td>□ 完成</td><td>□ 未完成</td><td></td></tr>
<tr><td>实务研究</td><td>□ 完成</td><td>□ 未完成</td><td></td></tr>
<tr><td>社会工作行政</td><td>□ 完成</td><td>□ 未完成</td><td></td></tr>
<tr><td colspan="2">(三) 分享学生实践能力提升状况</td><td>□ 完成</td><td>□ 未完成</td><td></td></tr>
<tr><td colspan="2">(四) 听取机构督导建议,并回馈</td><td></td><td></td><td></td></tr>
<tr><td colspan="2">(五) 再次感谢机构的支持</td><td></td><td></td><td></td></tr>
<tr><td colspan="5">四、督导建议及回馈</td></tr>
<tr><td colspan="5">* 考虑再次合作的可能性,包括机构状况、机构督导的专业能力等。</td></tr>
<tr><td colspan="5">指导老师签名：　　　　学生签名：　　　　拜访日期：</td></tr>
</table>

资料 4.13　综合实习总结报告

综合实习总结报告指引

标题:综合实习总结报告

一、基本信息

学生姓名

学号

班级

实习机构

机构督导

指导老师

实习总时间

二、实习总结报告的内容

(一) 总结实践内容完成的整体情况,包括参与/介入的情况、社会工作知识运用等,分析个人实践能力的提升状况。

(二) 总结对个人实习有利或不利的处境及解决策略。

(三) 汇总实习的总工作量。

(四) 自我评估

1. 机构的适应:有关对机构的了解;适应机构的工作环境及与工作人员建立关系的能力等;

2. 直接服务的能力:了解与评定服务对象需要;与服务对象建立关系;运用专业理论、方法、技巧的能力;独立完成专业服务的情况;

3. 间接服务的能力:了解与机构、服务和服务对象等相关的政策;掌握项目设计的能力;通过实务研究促进理论和实务的整合;了解社会工作行政;

4. 对督导时间的运用:与指导老师的联系,与机构督导的联系;

5. 实习态度:有主动的、积极的学习态度,有独立处理和解决问题的能力;

6. 对指导老师及机构督导的评估。

(五) 实践能力综合评估

回顾整个社会工作实习(1000 小时)课程练习,比对社会工作硕士实践能力目标,达成个人实践能力的综合分析。

资料 4.14　综合实习所需递交资料

一、综合实习递交资料格式要求

(一) 封面和目录;(后附)

(二) 标题:黑体,三号,居中,加粗;

(三) 大标题:宋体,四号,左对齐,加粗,1.5 倍行距;

(四) 小标题:宋体,四号,左对齐,1.5 倍行距;

(五) 正文:宋体,小四号,1.5 倍行距;

(六) 参考文献:宋体,五号,1.5 倍行距。

1. 综合实习需递交书面报告(A4 纸打印)和电子版本各一份;

2. 综合实习资料需装订成册。

二、综合实习递交资料内容

(一) 综合实习手册封面;

(二) 综合实习手册目录;

(三) 综合实习申请表;

(四) 综合实习计划书;

(五) 综合实习的个人实践能力提升计划;

(六) 综合实习直接服务记录。

1. 个案工作记录;

2. 小组工作记录;

3. 社区工作记录。

(七) 综合实习间接服务记录。

1. 机构报告;

2. 项目计划书;

3. 实务研究报告;

4. 实务总结报告;

5. 综合实习日志;(按时间排序)

6. 综合实习时间证明。

评分标准（分值）/评分内容	实践能力提升		综合实习完成		实践小时数达成		实践资料完整		成绩	
	20 分		14 分		8 分		8 分		50 分	
	督导 10 分	老师 10 分	督导 7 分	老师 7 分	督导 4 分	老师 4 分	督导 4 分	老师 4 分	督导 25 分	老师 25 分
直接服务 个案工作及理论运用 小组工作及理论运用 社区工作及理论运用										
间接服务 机构报告 项目设计 实务研究报告 总结报告										
总分(100 分)										

社会工作硕士(MSW)综合实习手册

学生姓名：________________

学　　号：________________

班　　级：________________

指导老师：________________

机构督导：________________

实习机构：________________

日　　期：________________

____________大学社会工作硕士(MSW)综合实习
(时间证明)

兹证明________同学自________ 至 ____________在本机构实习，总实习时间为________(小时)。

特此证明！

机构督导签章：__________________
机　构　签　章：__________________
日　　　　　期：__________________

附录:综合实习申请外地实习的制度

综合实习申请外地实习制度

为更好地规范综合实习制度,申请外地实习的学生需向社会工作系递交以下材料,经审核批准后方可开始实习。

一、实习学生遵守诚信原则,所有签名均为真实签名;

二、实习学生的书面申请;(后附申请表;原件系里备存,实习学生亲笔签名)

三、实习期间学生家长签名的责任担保证书;(原件系里备存,实习学生父母亲笔签名)

四、实习学生意外保险;(原件系里备存)

五、社工系审核意见;(后附申请表;原件系里备存,主任签名)

六、根据综合实习的要求,实习学生开展实习;

七、实习学生能主动与指导老师保持联系,用电子邮件的方式保证专业督导的成效;

八、其他要求参加综合实习管理制度。

外地实习学生书面申请

<table>
<tr><td>学生姓名</td><td></td><td>学号</td><td></td><td>班级</td><td></td></tr>
<tr><td>联系方法</td><td colspan="2"></td><td>电子邮箱</td><td colspan="2"></td></tr>
<tr><td>父亲姓名</td><td colspan="2"></td><td>联系方法</td><td colspan="2"></td></tr>
<tr><td>母亲姓名</td><td colspan="2"></td><td>联系方法</td><td colspan="2"></td></tr>
<tr><td>外地实习机构</td><td colspan="2"></td><td>实习岗位</td><td colspan="2"></td></tr>
<tr><td>机构地址</td><td colspan="5"></td></tr>
<tr><td>机构督导</td><td colspan="2"></td><td>联系方法</td><td colspan="2"></td></tr>
</table>

申请理由：

本人遵守诚信原则，承诺“外地实习期间学生家长的责任担保书”之家长签名均为真实的，家长已知情且同意。

本人自愿提出在外地进行社会工作硕士(MSW)综合实习，已经办理好意外保险，实习期间责任自负。(附保险单复印件)

学生签名： 日期：

社工系意见：

主任签名： 日期：

外地实习期间学生家长责任担保书

________大学社会工作系：

我是________学生的家长，因为____原因，我同意________在________（地点）进行社会工作硕士（MSW）综合实习，时间为____________（具体时间）________________，实习单位是____________________。

我已为________（学生）购买意外保险，且承诺实习期间责任自负。

（附保险单复印件）

学生签名：____________________

家长签名：____________________

日　　期：____________________

参考文献

（以作者姓名首字母顺序为序）

一、中文著作

[1] [美]阿巴斯·塔沙克里，查尔斯·特德莱.混合方法论：定性方法和定量方法的结合[M].重庆：重庆大学出版社，2010.

[2] [美]艾尔·巴比.社会研究方法基础[M].8 版.北京：华夏出版社，2005.

[3] [印]阿玛蒂亚·森.能力与福祉[M]//[印]阿玛蒂亚·森，[美]玛莎·努斯鲍姆.生活质量.北京：社会科学文献出版社，2008.

[4] [英]布莱恩·科尔比.社会工作研究的实践应用[M].上海：格致出版社，2010.

[5] 陈锦棠.香港社会服务评估与审核[M].北京：北京大学出版社，2008.

[6] [美]戴维·罗伊斯，苏瑞提·S.多培尔，伊丽莎白·L.罗姆菲.社会工作实习指导[M].4 版.北京：中国人民大学出版社，2005.

[7] [英]G.A.柯亨.什么的平等？论福利、善和能力[M]//[印]阿玛蒂亚·森，[美]玛莎·努斯鲍姆.生活质量.北京：社会科学文献出版社，2008.

[8] [美]哈罗德·科兹纳.项目管理计划、进度和控制的系统方法[M].10 版.北京：电子工业出版社，2010.

[9] [美]克拉克·A.坎贝尔.一页纸项目管理[M].北京：东方出版社，2008.

[10] [美]劳伦斯·纽曼，拉里·克罗伊格.社会工作研究方法——质性和定量方法的应用[M].北京：中国人民大学出版社，2008.

[11] [英]理查德·琼斯.项目管理[M].北京：中国铁道出版社，2008.

[12] [美]伦斯·马奇,布伦达·麦克伊沃著.怎样做文献综述——六步走向成功[M].上海:上海教育出版社,2011.
[13] [美]欧文·戈夫曼.污名——受损身份管理札记[M].北京:商务印书馆,2009.
[14] [英]帕梅拉·特里维西克.社会工作技巧实践手册[M].2 版.上海:格致出版社,2010.
[15] [美]乔斯·B.阿什福德,等.人类行为与社会环境生物学、心理学与社会学视角[M].2 版.北京:中国人民大学出版社,2005.
[16] 全国社会工作者职业水平考试教材编写组.社会工作综合能力(中级)[M].北京:中国社会出版社,2007.
[17] 全国社会工作者职业水平考试教材编写组.社会工作综合能力(中级)[M].北京:中国社会出版社,2015.
[18] [丹]斯丹纳·苛费尔,斯文·布林克曼.质性研究访谈[M].北京:世界图书出版公司,2013.
[19] 上海市精神文明建设委员会办公室.上海市精神文明创建工作标准[M].北京:社会科学文献出版社,2011.
[20] 陶传进.社会公益供给——NPO、公共部门与市场[M].北京:清华大学出版社,2005.
[21] 王波.总经理最喜欢的 77 个经典管理工具[M].北京:人民邮电出版社,2011.
[22] 王思斌,阮曾媛琪,史柏年.中国社会工作教育的发展[M].北京:北京大学出版社,2014.
[23] [美]项目管理协会.项目管理知识体系指南(PMBOK 指南)[M].4 版.北京:电子工业出版社,2011.
[24] 张声雄,范芸.学习型组织"金"典游戏[M].上海:上海三联书店,2003.
[25] 中华人民共和国教育部高等教育司.普通高等学校本科专业目录和专业介绍[M].北京:高等教育出版社,2012.
[26] 朱眉华.社会工作实务(上)[M].上海:上海社会科学院出版社,2003.

二、中文期刊文献

[27] 蔡屹,何雪松.社会工作人才的三维能力模型——基于社工机构的质性研究[J].华东理工大学学报:社会科学版,2012(4).
[28] 费梅苹.社会工作专业人才能力建设的路径研究——基于上海预防

和减少犯罪工作体系中社会工作实践的反思[J].华东理工大学学报:社会科学版,2012(4).
[29] 费梅苹.上海青少年社会工作者专业能力建设的行动研究[J].华东理工大学学报:社会科学版,2007(4).
[30] 梁莹.中国社会工作硕士教学之现状与困境[J].学海,2014(4).
[31] 罗艳.美国亚利桑那州立大学社会工作硕士项目培养方案探析[J].社会工作,2014(6).
[32] 史柏年.教师领办服务机构:中国社会工作专业化的理性选择[J].华东理工大学学报:社会科学版,2013(3).
[33] 童敏.社会工作的能力视角——一种以人为本的研究策略[J].马克思主义与现实,2008(1).
[34] 王思斌.高校教师领办社会工作机构的叠错现象分析[J].广州工业大学学报:社会科学版,2013(4).
[35] 朱眉华,吴世友.社会工作介入与研究的新方法:影像发声法——以T村外来务工家庭的母亲形象项目为例[J].华东理工大学学报:社会科学版,2012(4).

三、文件及其他文献

[36] 冯燕.社会工作专业核心能力的养成——台湾社会工作教育的新页.引自“2009年华人社会工作教育国际研讨会:华人社会工作的核心能力”,2009.
[37] 高迪理.社会工作者需具备的核心能力.引自“台湾社会工作专业的发展、危机与契机”社会福利实务与学术研讨会,2011.
[38] 上海公益招投标网:http://www.gysq.org.
[39] 上海社会组织:http://stj.sh.gov.cn/YWSJ.aspx.
[40] 赵善如.社会工作者应具备的核心能力.引自“台湾社会工作专业的发展、危机与契机”社会福利实务与学术研讨会,2011.
[41] 中国学位与研究生教育信息网《社会工作硕士专业学位指导性培养方案》:http://www.chinadegrees.cn/xwyyjsjyxx/gjjl/szfa/shgzss/xgjs/275982.shtml.

四、英文文献

[42] American Psychological Association. APA task force on the assessment of competence in professional psychology: Final report. Washington, DC: Author. 2006.
[43] Council on Social Work Education: http://www.cswe.org/File.as-

px? id=43974.2010.

[44] Council on Social Work Education: http://www.cswe.org/Accreditation/EPASRevision.aspx.2015.

[45] Frank J R, Mungroo R, Ahmad Y, et al. Toward a definition of competency based education in medicine: A systematic review of published definitions. Medical Teacher, 32, 631 - 637.2010.

[46] Hill P. Competency-based education: An (updated) primer for today's online market. Retrieved from: http://mfeldstein.com/cbe-an-updated-primer-for-todays-online-market/.2013.

[47] Malan S P T. The "New Paradigm" of Outcomes-Based Education. Journal of Family Ecology and Consumer Sciences, 28, 22 - 28.2000.

[48] Robbins S. From the Editor—Accreditation, Competency-Based Education, and EPAS Revisions, Journal of Social Work Education. 2014.

[49] Robeyns I. The capability approach: A theoretical survey. Journal of Human Development and Capabilities. 2005.

[50] Sabina A. "The human development and capability approach", in Deneulin, Séverine; Shahani, Lila, An introduction to the human development and capability approach freedom and agency, Sterling, Virginia Ottawa, Ontario: Earthscan International Development Research Centre. 2009.

[51] The College of Social Work: http://www.tcsw.org.uk/ProfessionalCapabilitiesFramework/.2014.

后　记

我国社会工作教育的发展已近二十年，它经历了从无到有，再到现阶段的爆发式发展。2010 年 6 月，《国家中长期人才发展规划纲要(2010—2020 年)》不仅将社会工作人才队伍建设作为人才队伍建设总体部署之一，更对社会工作人才队伍数量和质量都做出明确规定，要求以中高级社会工作人才为重点，到 2015 年和 2020 年，社会工作人才总量分别达到 200 万人与 300 万人。对此，我国社会工作教育界做出了积极的回应，特别是以培养高级社会工作人才为目标的社会工作硕士于 2009 年首次开始在全国招生。在短短 5 年时间里，全国有社会工作硕士授予权的高校增至 104 所，增长约 3.5 倍。

一直以来，虽然我国社会工作教育界努力与国际社会工作教育保持一致，但我们必须认识到，我国的政治、经济、社会和文化等环境有着本土特色。因此，我国社会工作教育需要“求同存异”，在国际公认的社会工作教育标准的基础之上，结合国情，积极发展真正适合我国本土化需求的社会工作教育，并培养中国式社会工作中高级人才。有鉴于此，在近十年的社会工作实践教学和研究的基础上，我撰写了这本书，希望能够在促进我国该领域的实践和研究方面发挥一点作用。

“能力为本”是近十年国际社会工作专业教育热议的话题。能力视角的提出为社会工作专业人才的培养提供了新策略。本书以美国社会工作教育委员会(CSWE)提出的核心能力为主要参考标准，同时比较英国的能力体系，结合我国的现实环境，组织对学生实践的实务研究，以建构我国的“能力为本”社会工作实践学习模式，希望该实践能力体系能满足我国社会工作专业人才培养的需求。但是，该实践学习模式和能力体系仍属一家之言，还需要不断修正和完善。美国社会工作教育委员会集全美社会工作教育专家之力，也于 2015 年提出了修订意见，将 2009 年的十项核心能力修订为九项。由此可见，我国社会工作实践学习模式和能力体系的建设将是一个长期的研究和实践的过程。

另外，在参考文献注释方式上，本书采用了国际惯例。凡书中参考的文献均在书后一一列出，以便读者在需要时能对文献进行查阅。但是，由于参考文献篇目较多，疏漏、错误之处在所难免，敬请读者批评指正。

在本书撰写过程中，华东理工大学社会与公共管理学院院长何雪松教授给予了宝贵的学术指导和建议；社会工作系徐荣博士给予了专业支持；社会工作硕士 2010 级、2011 级和 2012 级 54 名社会工作硕士积极参与前期实习回馈调研；纽约大学社会工作学院薄艾博士给予了学术支持；南加州大学萧夙真副教授和王思滢社会工作硕士分享了专业发展信息；我同欧源来以及毕业于南加州大学建筑学的李冰共同设计制作了本书插图；华东理工大学社会工作硕士赵澍波对书中文字进行了认真校对，并给予了有价值的修改建议，在此一并谨致谢忱。

由于本书为我国能力为本社会工作教育的实践初探，书稿中尚存在诸多不足，敬请各位读者给予指导和批评。

蔡　屹

2016 年 5 月 28 日于上海

附　录

附录资料由南加州大学社会工作学院实习教育部门萧夙真副教授、南加州大学社会工作硕士王思滢和笔者共同编辑和翻译。

萧夙真 Suh Chen Hsiao,MSW,PPSC,LCSW
南加大社会工作学院
副教授兼实习教育部门副主任
加州社工执照及学校社工凭照
University of Southern California
School of Social Work
Department of Adults & Healthy Aging
www.usc.edu/socialwork
shuhsiao@usc.edu

现实世界的经验:南加州大学社会工作学院实习教育

实习教育是社会工作硕士课程的一部分,它为学生提供了在经验丰富的社会工作者指导下,将课堂所学知识运用到与真实案主服务中的机会。它以社区机构及相关工作环境作为学习试验基地,让学生接触到目前社会工作行业中各类责任、挑战和机遇的宝贵经验。在机构内的实习,鼓励学生使用各种分析和干预方法,来观察和参与为案主提供的直接服务,以及发展和评估解决社区需求的服务项目。这些实习建立在之前的生活和工作经验之上,我们的目标是帮助学生发展新的职业能力。所有的社会工作硕士必须在附近的社会服务机构、政府机关、学校、医院、公司或非传统的工作领域,完成两个实习或1 000小时的实践培训。每周的实习小时数为16到20小时,第一年450小时,第二年550小时。我们根据学生居住的地理位置、之前的工作和志愿经历、未来的职业发展和目标、专业兴趣和机构需求来分配实习。

● **第一年的实习**

第一年的实习引导学生了解社会工作专业,并让他们为个人、家庭、小组、机构和社区提供直接服务。学生也要学习核心实践技能,包括心理社会分析、临床面谈和评估,重点在于帮助各种年龄、性别、家庭结构、性取向、经济状况和种族文化背景的案主。我们的实习指导老师根据学生选择的部门、学习目标、工作和志愿经历、教育背景和职业理想,来安排学生第一年的实习地点。在第一学期,学生在选择的机构完成每周16小时的实习,和一节2小时的实践课程。在这节课程中,学生会学习运用三种证据为本的实践干预方法:动机访谈、问题解决疗法和认知行为疗法。在第二学期,学生在同一机构完成每周16小时的实习之外,需要参加一门2个学分的实践课程。学生从第二学期开始上专门领域的特定课程,所以实习机构必须与学生的核心课程有关。

● **第二年的实习**

第二年的实习建立在第一年实习的基础之上,帮助学生进一步提高在所属领域的临床和/或宏观的实践技能和知识。学生将会通过面试,来与他们的同学和其他学校的社会工作硕士竞争第二年的实习机会。在第二年,学生的实习小时数提高到每周20小时,如果第一年的实习机构提供更进一步的学习机会,学生也可留在原本的实习机构进行实习。除此之外,第二年的学生将会参加1学分的实践课程,将证据为本的实践干预方法运用到他们所选择的部门实习中。

● **实习课程要求**

实习课程(共18学分)			
第一学期(3学分)	第二学期(5学分)	第三学期(5学分)	第四学期(5学分)
社会工作实习(一)—4学分	社会工作实习(二)—3学分	社会工作实习(三)—4学分	社会工作实习(四)—4学分
	社会工作实践整合研习(一)—2学分	社会工作实践整合研习(二)—1学分	社会工作实践整合研习(三)—1学分

第一年的实习由学校安排。一年级学生不参与分配的过程,实习地点由每个学习部门的实习指导老师来分配。二年级学生可以选择相关机构并进行面试,完全参与到分配的过程中。任何学生拒绝开始实习将会推迟正常的学业进程,并可能导致学生不能按时完成项目并毕业。

● **实习评估/评分**

社会工作实习课程在第一年是一节3个学分的课程,在第二年是一节4个学分的课程。这节课的评分方式是有/无学分。评分根据以下要求:(1)完成每学期要求的实习小时数;(2)准时完成学习协议;(3)每周准时完成反思性学习工具(每学期共10个);(4)在学期末评估中反映是否达到社会工作教育委员会要求的能力。

学习协议在第一学期开始阶段完成,正式的评估在每学期末上交。机构督导、学生和其他相关导师(如果有的话)必须合作完成所有必需的文件。非正式的评估在整个学年内持续进行。实习机构由学校的实习指导老师,通过定期的面对面或是虚拟会议、学生与机构督导的会议、电话和其他方式进行监督。成功完成实习需要,在每学期实习中达到规定的小时数,在正式评估中满足社会工作教育委员会要求的能力,并且完成每学期10个反思性学习工具。

● **机构督导**

机构督导由拥有社会工作研究生学位和至少毕业后两年工作经验的机构督导提供。他/她必须由社会工作学院批准,通过机构督导的认证。督导发生在学生和机构督导之间,指导地点由学校和社会工作学院事先批准。如果机构没有社会工作硕士学历的员工,但是有兴趣提供社会工作硕士的实习机会,可以使用机构外机构督导。

第一年和第二年实习课程的作业、活动和学习目标都有特定的顺序。南加州大学社会工作学院和机构合作来帮助学生学习并提高他们对社会工作教育委员会要求的能力的掌握。机构督导的过程是有目的、积极、有组织性、有顺序和个人化的。机构督导是在每个社会工作机构的结构下进行。在两年的实习中，机构督导需要包括但不仅限于以下内容：

1. 与个人、家庭和相关团体的直接实践服务；
2. 聚焦于小组、社区、机构和/或制度改变的直接实践服务；
3. 将不同的服务、人群和疗法运用于微观、中观和宏观实践环境中；
4. 运用各类理论和教学的方法和模式。

南加州大学社会工作学院综合技巧评估①

第一学年学生综合技巧评估

技巧没有发展(0)→技巧完全掌握(10)

0	1	2	3	4	5	6	7	8	9	10

评分量表：

0＝技巧没有发展

2＝技巧有初步发展

4＝技巧正在发展中，但是不一致

6＝技巧已经发展，并且大多数时候一致

8＝技巧发展完全，并且始终如一

10＝技巧完全掌握，并超过了所有标准

说明

请使用上面的10分量表来评估每一项学习活动的技巧水平(以及一致程度，如果适用的话)。参考量表中的分界点来对学生每项技巧水平进行评估，从“0”(技巧没有发展)到“10”(技巧完全掌握)。根据学生的技巧水平，每个学期每个项目的评分为0到10。如果适合的话，无论学期，请使用从0到10完整的量表来评估学生的技巧水平。例如，如果一个学生在第一学期某项的技巧发展完全，并始终如一，那一项可被评为“8”分。反过来，如果一个学生在第四学期某项技巧只有初步发展，那一项可被评为“2”分。请注意只有在第一学期，一些学习项目可以打分为N/A；所有其他项目必须从0到10打分。在第二、三和四学期，所有学习项目都必须从0到10打分。

能力1　展现道德和职业行为

社会工作者了解行业的价值基础和道德准则，以及可能影响微观、中观和宏观实践的相关法律法规。社会工作者了解道德决策的框架，以及如何在实践、研究和政策领域，将批判性思维的原则运用到这些框架中。社会工作者认识到个人价值，以及个人和职业价值观之间的区别。他们也理解自身的经历和情感反应是如何影响他们的

① 说明：南加州大学社会工作学院综合技巧评估在每个学期末完成。第二学年与第一学年的综合技巧评估在内容上保持一致，只是在核心能力训练的要求上有阶段性提升，这里不再赘述。

专业判断和行为。社会工作者了解行业的历史、使命和这个职业的角色和责任。当在一个跨职业的团队中，社会工作者也理解其他职业的角色。社会工作者认识到终身学习的重要性，并致力于不断更新自己的技能，以确保技能的相关性和有效性。社会工作者还懂得科技的更新和在社会工作实践中使用科技的伦理。		
第一学年学生综合技巧评估 技巧没有发展(0)→技巧完全掌握(10) 0 1 2 3 4 5 6 7 8 9 10 评分量表： 0=技巧没有发展 2=技巧有初步发展 4=技巧正在发展中，但是不一致 6=技巧已经发展，并且大多数时候一致 8=技巧发展完全，并且始终如一 10=技巧完全掌握，并超过了所有标准	学生	老师
1.1　通过全国社会工作者协会(NASW)的道德准则，运用伦理推理的策略来做出原则性的决定。 举例：学生尊重并促进案主自决的权利，并帮助案主通过自身努力确定并澄清他们的目标。		
1.2　采用自我调节和/或自我管理来保持职业角色和与案主的界线。 举例：在帮助滥用药物的案主时，学生撇开自己个人对用药的价值观。		
1.3　采用自我调节和/或自我管理来保持职业角色和与同事、实习督导和/或同学的界线。 举例：尽管与同事有个人差异，学生仍展示尊重的行为。		
1.4　容忍在解决道德冲突时的模糊性。 举例：学生在一家诊所工作并需要处理对堕胎的不同看法。		
1.5　展示外表的职业性。 举例：学生了解并遵守该机构的着装要求。		
1.6　在口头沟通方面体现职业性。 举例：当与案主沟通时，学生不使用职业术语。		
1.7　在书面沟通/记录方面体现职业性。 举例：学生在做个案记录时提供了高质量的书面记录。		

1.8　在现代媒体沟通方面体现职业性。 举例：学生在通过电子邮件通信时，使用专业的问候和正确的语法。		
1.9　通过及时完成实习要求展示负责性（例如出勤率，书面作业，布置的个案或项目） 举例：学生准时提交书面作业和其他布置的内容。		
1.10　道德和适当地使用科技来促进实践结果。 举例：根据机构的规章制度，学生使用短信来发送约定提醒。		
1.11　采用机构督导和/或咨询作为职业判断和行为的指南。 举例：学生从实习指导中得到反馈，并将反馈运用到实习中来提高沟通技巧。		

能力 1

第一学期	0	1	2	3	4	5	6	7	8	9	10
第二学期	0	1	2	3	4	5	6	7	8	9	10
	红色				绿色				蓝色		

红色分数代表没有通过；绿色分数代表通过并在预期范围内；蓝色分数代表通过但超过预期范围。

评论（如打 0 分，必须填写理由）

____

____

____

能力2　在实践中加入多样性和差异性

社会工作者了解多样性和差异性如何刻画和塑造个人经历，以及对人格形成的重要性。多样性的范围可以理解为各种因素的相互交织，包括但不限于年龄、阶级、肤色、文化、残疾和能力、种族、性别、性别认同和表达、移民身份、婚姻状况、政治意识形态、人种、宗教/灵性、性行为、性取向和部落主权地位。社会工作者了解这些差异的结果造成一个人的生活经历可能包括压迫、贫穷、边缘化和异化，同时也包括特权、权力和好评。

第一学年学生综合技巧评估

技巧没有发展(0)·····················→技巧完全掌握(10)

0	1	2	3	4	5	6	7	8	9	10

评分量表：
0＝技巧没有发展
2＝技巧有初步发展
4＝技巧正在发展中，但是不一致
6＝技巧已经发展，并且大多数时候一致
8＝技巧发展完全，并且始终如一
10＝技巧完全掌握，并超过了所有标准

	学生	老师
2.1　传达她/他对于在实践中多样性和差异性形成生活经历的重要性。 举例：学生尊重并鼓励家庭成员参与制订一个反映其文化价值的计划。		
2.2　认识到案主是他们个人经验的专家。案主包括个人、家庭、小组、机构和社区。 举例：案主有精神疾病。学生尊敬地请案主描述她在一个避讳精神疾病的家庭中的成长经历。		
2.3　使用自我调节和/或自我管理以消除个人偏见在与各类型案主工作时的影响。 举例：尽管学生有自己的宗教信仰，她依然能支持一个帮助同性恋得到服务的机构的工作。		

能力 2

第一学期	0	1	2	3	4	5	6	7	8	9	10
第二学期	0	1	2	3	4	5	6	7	8	9	10
	红色				绿色			蓝色			

红色分数代表没有通过；绿色分数代表通过并在预期范围内；蓝色分数代表通过但超过预期范围。

评论（如打0分，必须填写理由）

____

____

____

<table>
<tr><td colspan="3">

能力 3　促进人权和社会、经济和环境的正义

社会工作者明白，无论社会地位如何，每个人都有基本的人权，例如自由、安全、隐私、适当的生活标准、医疗保健和教育。社会工作者了解压迫和侵犯人权的全球共性，人性需求和社会正义的理论，以及促进社会和经济的公平和人权的策略。社会工作者理解旨在消除压迫结构性障碍的策略来保证社会资源、权力和责任的公平分配，以及公民、政治、环境、经济、社会和文化方面的人权受到保护。

</td></tr>
<tr><td>

第一学年学生综合技巧评估

技巧没有发展(0)……→技巧完全掌握(10)

| 0 | 1 | 2 | 3 | 4 | 5 | 6 | 7 | 8 | 9 | 10 |

评分量表：
0=技巧没有发展
2=技巧有初步发展
4=技巧正在发展中，但是不一致
6=技巧已经发展，并且大多数时候一致
8=技巧发展完全，并且始终如一
10=技巧完全掌握，并超过了所有标准

</td><td>学生</td><td>老师</td></tr>
<tr><td>3.1　使用社会、经济和环境公平的原则，在机构使命的范围内倡导人权。
举例：一个学生为他一个变性的客户向学校倡议允许她使用女洗手间。</td><td></td><td></td></tr>
<tr><td>3.2　在机构使命的范围内，参与促进社会、经济和环境正义的实践。
举例：学生告知她的同事，她案主的社区中由于社会和经济的不平等造成案主无法接受优质的医疗服务。</td><td></td><td></td></tr>
</table>

能力 3

以下核心能力在第一学期可以用 N/A 表示不适用

第一学期	0	1	2	3	4	5	6	7	8	9	10
第二学期	0	1	2	3	4	5	6	7	8	9	10
	红色			绿色				蓝色			

红色分数代表没有通过；绿色分数代表通过并在预期范围内；蓝色分数代表通过但超过预期范围。

评论（如打 N/A 和 0 分，必须填写理由）

<table>
<tr><td colspan="3">

能力 4　实务研究和证据为本的实践

社会工作者了解定量和定性研究方法和他们在推进社会工作科学性和评估实践操作方面的不同角色。社会工作者知道逻辑原则、科学提问和通过由文化引导的道德方式来积累知识。社会工作者了解引导实践的证据来自各学科和多种知识渠道。他们也了解将研究结论转化为有效实践的过程。

</td></tr>
<tr><td>

第一学年学生综合技巧评估

技巧没有发展(0)→技巧完全掌握(10)

| 0 | 1 | 2 | 3 | 4 | 5 | 6 | 7 | 8 | 9 | 10 |

评分量表：
0＝技巧没有发展
2＝技巧有初步发展
4＝技巧正在发展中，但是不一致
6＝技巧已经发展，并且大多数时候一致
8＝技巧发展完全，并且始终如一
10＝技巧完全掌握，并超过了所有标准

</td><td>学生</td><td>老师</td></tr>
<tr><td>4.1　使用证据为本的干预。
举例：学生对案主使用动机访谈的技巧。</td><td></td><td></td></tr>
<tr><td>4.2　将研究结论和专业判断结合来引导和提高实践。
举例：学生在搜索证据为本干预的作业中展现专业判断。</td><td></td><td></td></tr>
</table>

能力 4

以下核心能力在第一学期可以用 N/A 表示不适用

第一学期	0	1	2	3	4	5	6	7	8	9	10
第二学期	0	1	2	3	4	5	6	7	8	9	10
	红色			绿色				蓝色			

红色分数代表没有通过；绿色分数代表通过并在预期范围内；蓝色分数代表通过但超过预期范围。

评论（如打 N/A 和 0 分，必须填写理由）

____

____

____

<table>
<tr><td colspan="3">

能力 5　参与政策的实践

社会工作者了解人权、社会公平、社会福利和服务通过政策和在联邦、州和当地不同政府的执行中进行的调整。社会工作者理解社会政策与服务的历史和当下结构、政策在提供服务中的角色及实践在政策发展中的角色。社会工作者了解他们自身在微观、中观、宏观不同阶层工作环境的政策发展和执行中所扮演的角色，并且积极地参与改变他们工作环境的政策实践。社会工作者认识并理解历史、社会、文化、经济、组织、环境和全球化的因素对社会政策的影响。他们对于政策形成、分析、执行和评估也有一定的了解。

</td></tr>
<tr><td>

第一学年学生综合技巧评估

技巧没有发展(0)……→技巧完全掌握(10)

| 0 | 1 | 2 | 3 | 4 | 5 | 6 | 7 | 8 | 9 | 10 |

评分量表：
0＝技巧没有发展
2＝技巧有初步发展
4＝技巧正在发展中，但是不一致
6＝技巧已经发展，并且大多数时候一致
8＝技巧发展完全，并且始终如一
10＝技巧完全掌握，并超过了所有标准

</td><td>学生</td><td>老师</td></tr>
<tr><td>5.1　展示社会福利和/或机构政策是如何影响对社会服务提供和接受的理解。
举例：学生理解该机构对案主提供网上健康服务的政策。</td><td></td><td></td></tr>
<tr><td>5.2　使用帮助提高个人、小组和/或社区的社会福祉的政策。
举例：学生理解平价医疗法案在帮助案主支付昂贵医疗手术的限制，于是找到一些社区机构为案主提供经济上的帮助来完成一项救命的手术。</td><td></td><td></td></tr>
<tr><td>5.3　与不同领域合作来做出有效的政策行动。
举例：学生参加社区委员会会议，与法律执行人员合作，讨论案主社区中的枪支暴力问题。</td><td></td><td></td></tr>
</table>

能力 5

以下核心能力在第一学期可以用 N/A 表示不适用

第一学期	0	1	2	3	4	5	6	7	8	9	10
第二学期	0	1	2	3	4	5	6	7	8	9	10
	红色			绿色				蓝色			

红色分数代表没有通过；绿色分数代表通过并在预期范围内；蓝色分数代表通过但超过预期范围。

评论(如打 N/A 和 0 分，必须填写理由)

<table>
<tr><td colspan="3">

能力6　增进与个人、家庭、小组、组织和社区关系

社会工作者理解增进与不同个人、家庭、小组、机构和社区互动关系。社会工作者明白人类关系的重要性。社会工作者理解人类行为和社会环境的理论，并且可以评判和利用这些知识来实现与案主的沟通。案主包括个人、家庭、小组、机构和社区。社会工作者明白与不同案主沟通的策略，并以此来提高工作的有效性。社会工作者知道自身个人经历和情感响应可能会影响他们有效地与不同案主沟通的能力。社会工作者看重建立关系的原则和跨职业合作来帮助与案主和其他职业间的沟通。

</td></tr>
<tr><td>

第一学年学生综合技巧评估

技巧没有发展(0)…………→技巧完全掌握(10)

| 0 | 1 | 2 | 3 | 4 | 5 | 6 | 7 | 8 | 9 | 10 |

评分量表：
0＝技巧没有发展
2＝技巧有初步发展
4＝技巧正在发展中，但是不一致
6＝技巧已经发展，并且大多数时候一致
8＝技巧发展完全，并且始终如一
10＝技巧完全掌握，并超过了所有标准

</td><td>学生</td><td>老师</td></tr>
<tr><td>6.1　运用人类行为和社会环境的知识来与案主沟通。案主包括个人、家庭、小组、机构和/或社区。
举例：在了解到社区不欢迎外来者以后，学生花时间来与社区成员建立关系和信任。</td><td></td><td></td></tr>
<tr><td>6.2　使用对实践场所的了解来引导与案主的沟通。
举例：学生指出将学校作为学生互助小组的平台来减少退学现象。</td><td></td><td></td></tr>
<tr><td>6.3　使用同理心来与不同案主沟通。
举例：案主是一个对政府系统不信任的新难民。学生理解案主不愿意提供必需的个人信息来得到政府辅助。</td><td></td><td></td></tr>
<tr><td>6.4　使用人际交往的能力来与不同案主沟通。
举例：学生使用合适的媒体(例如音乐、游戏、电影)来帮助老人院里老人的社会交流。</td><td></td><td></td></tr>
<tr><td>6.5　使用自我调解和/或自我管理来与不同案主沟通。
举例：案主参加一个令学生感到震惊的文化实践。学生平静地问案主有关实践的问题来表达对案主文化的兴趣。</td><td></td><td></td></tr>
</table>

能力 6

第一学期	0	1	2	3	4	5	6	7	8	9	10
第二学期	0	1	2	3	4	5	6	7	8	9	10
	红色			绿色				蓝色			

红色分数代表没有通过；绿色分数代表通过并在预期范围内；蓝色分数代表通过但超过预期范围。

评论（如打 0 分，必须填写理由）

____

____

____

<table>
<tr><td colspan="3">能力 7　预估分析个人、家庭、小组、机构和社区
社会工作者能够预估分析个人、家庭、小组、机构和社区的互动关系。社会工作者理解人类行为和社会环境的理论，并且可以评判和利用这些知识来实现对案主的预估。案主包括个人、家庭、小组、机构和社区。社会工作者明白对不同案主分析的策略，并以此来提高工作的有效性。社会工作者认识到分析过程中实践环境的暗示，并且看重不同职业间合作的重要性。社会工作者了解自身个人经历和情感响应可能会影响他们的分析和决定。</td></tr>
<tr><td>第一学年学生综合技巧评估
技巧没有发展(0)……………→技巧完全掌握(10)
| 0 | 1 | 2 | 3 | 4 | 5 | 6 | 7 | 8 | 9 | 10 |
评分量表：
0＝技巧没有发展
2＝技巧有初步发展
4＝技巧正在发展中，但是不一致
6＝技巧已经发展，并且大多数时候一致
8＝技巧发展完全，并且始终如一
10＝技巧完全掌握，并超过了所有标准</td><td>学生</td><td>老师</td></tr>
<tr><td>7.1　运用多种领域的理论框架(例如人类行为和社会环境、个人环境)来分析案主的信息。案主包括个人、家庭、小组、机构和/或社区。
举例：在接触一个滥用物质的怀孕青少年时，学生分析案主在家庭环境内外的关系。</td><td></td><td></td></tr>
<tr><td>7.2　运用批判性思维来分析案主的信息(例如案主的长处、需求、挑战)。
举例：在一个家庭暴力庇护所的注册过程中，学生收集有关幸存者和她孩子的综合信息来完整了解她的经历。</td><td></td><td></td></tr>
<tr><td>7.3　设计双方同意的干预目标。
举例：学生和案主一起设计了一个治疗方案。</td><td></td><td></td></tr>
</table>

能力 7

第一学期	0	1	2	3	4	5	6	7	8	9	10
第二学期	0	1	2	3	4	5	6	7	8	9	10
	红色			绿色				蓝色			

红色分数代表没有通过；绿色分数代表通过并在预期范围内；蓝色分数代表通过但超过预期范围。

评论（如打 0 分，必须填写理由）

____

____

____

能力 8　介入服务于个人、家庭、小组、机构和社区

社会工作者理解介入服务于个人、家庭、小组、机构和社区是个互动过程。社会工作者了解证据为本的介入服务是帮助案主达到他们目标的方法。案主包括个人、家庭、小组、机构和社区。社会工作者理解人类行为和社会环境的理论，并且可以评判和利用这些知识来实现对客户的有效干预。社会工作者知道如何发现、分析、使用证据为本的实践来达到案主的目标。社会工作者看重干预过程中跨职业合作和沟通的重要性，并认识到好的结果可能需要跨领域、跨职业、跨机构的合作。

第一学年学生综合技巧评估 技巧没有发展(0)……………→技巧完全掌握(10) 0 | 1 | 2 | 3 | 4 | 5 | 6 | 7 | 8 | 9 | 10 评分量表： 0＝技巧没有发展 2＝技巧有初步发展 4＝技巧正在发展中，但是不一致 6＝技巧已经发展，并且大多数时候一致 8＝技巧发展完全，并且始终如一 10＝技巧完全掌握，并超过了所有标准	学生	老师
8.1　根据预估分析、研究和案主的价值观和偏好，挑选适当的干预策略。案主包括个人、家庭、小组、机构和/或社区。 举例：一个学生的少年案主抽大麻和喝酒。学生挑选了一个有效针对案主的年龄和文化的物质滥用进行证据为本的介入服务。		
8.2　运用介入服务来达到案主的目标。 举例：学生的案主是一个独居、有健康问题并表现出忧郁症状的老年人。学生联络案主的亲人朋友来增加老人社会交流的机会。		
8.3　适当使用跨领域合作来达到有益的实践结果。 举例：学生的案主因为行为问题被幼儿园退学。学生帮助组织了一个案主家长、幼儿园老师和主治医生的会面。		
8.4　通过谈判、调解和/或倡议来代表案主进行干预。 举例：学生与当地房屋管理机构发展了良好的工作关系，来帮助他的案主找到稳定的住所。		
8.5　协助完成有效的过渡来提高双方共同决定的目标。 举例：在准备过渡时，学生为她的案主提供适当的转介来继续实现目标。		

能力 8

以下核心能力在第一学期可以用 N/A 表示不适用

第一学期	0	1	2	3	4	5	6	7	8	9	10
第二学期	0	1	2	3	4	5	6	7	8	9	10
	红色			绿色				蓝色			

红色分数代表没有通过；绿色分数代表通过并在预期范围内；蓝色分数代表通过但超过预期范围。

评论（如打 N/A 和 0 分，必须填写理由）

____

____

____

<table>
<tr><td colspan="3">

能力 9　评估与个人、家庭、小组、机构和社区的实践

社会工作者理解评估是一个与不同个人、家庭、小组、机构和社区的动态和交互过程中的持续部分。社会工作者了解通过证据为本的实践帮助案主达到他们目标的方法。案主包括个人、家庭、小组、机构和社区。社会工作者认识到评估过程和结果以提升实践水平、政策和服务过程有效性的重要性。社会工作者理解人类行为和社会环境的理论,并且批判地评估和运用这些知识来评估结果。社会工作者知道定量和定性的方法来评估结果和实践的有效性。

</td></tr>
<tr><td>

第一学年学生综合技巧评估

技巧没有发展(0)⋯⋯⋯⋯→技巧完全掌握(10)

| 0 | 1 | 2 | 3 | 4 | 5 | 6 | 7 | 8 | 9 | 10 |

评分量表:
0=技巧没有发展
2=技巧有初步发展
4=技巧正在发展中,但是不一致
6=技巧已经发展,并且大多数时候一致
8=技巧发展完全,并且始终如一
10=技巧完全掌握,并超过了所有标准

</td><td>学生</td><td>老师</td></tr>
<tr><td>9.1　理解在工作环境中评估结果的适当方法。
举例:学生理解对于机构主要说西班牙语的案主使用英语的标准化问卷不是一个适当的评估方法。</td><td></td><td></td></tr>
<tr><td>9.2　评估(例如观察和批判分析)介入服务过程和结果。
举例:学生使用一个个人治疗方案,来观察、分析和评估一个提高处理能力的干预方法的过程和结果。</td><td></td><td></td></tr>
<tr><td>9.3　运用评估结果来提高实践有效性。
举例:学生的实习机构进行了一个关于家庭教育项目的评估。学生使用评估结果(例如家长能力上升)来告诉她的案主关于家长压力管理的有效性。</td><td></td><td></td></tr>
</table>

能力 9

以下核心能力在第一学期可以用 N/A 表示不适用

第一学期	0	1	2	3	4	5	6	7	8	9	10
第二学期	0	1	2	3	4	5	6	7	8	9	10
	红色			绿色			蓝色				

红色分数代表没有通过；绿色分数代表通过并在预期范围内；蓝色分数代表通过但超过预期范围。

评论（如打 N/A 和 0 分，必须填写理由）

____

____

____

反思性学习工具得分的最低要求：10

实习小时数的最低要求（包括实习介绍，EBI 训练，实验室和实习小时数）：210

第一学期成绩：________

"有学分"是指学生达成实习小时数的要求和实习能力训练的最低标准。

"有进步"是指学生的核心能力有所提高，却未达到相应实习阶段的要求，因而要制定相应的学习合同。

"未完成"是指学生由于缺席过多导致无法达到实习小时数的要求。

"无学分"是指学生未能达成最低实习要求。

第一学期综合技巧评估总结

概述优势及下阶段发展计划

____

____

____

学生签名、讨论和回馈评估结果

____

____

第一学期综合技巧评估签名

学生（*[学生名字]*）：______________________________

指导老师(可选择)([*指导老师名字*]):______________________
机构督导([*机构督导名字*]):__________________________

反思性学习工具得分的最低要求:10

实习小时数的最低要求(包括实验室和实习小时数):240

第二学期成绩:________

"有学分"是指学生达成实习小时数的要求和实习能力训练的最低标准。

"有进步"是指学生的核心能力有所提高,却未达到相应实习阶段的要求。因而要制定相应的学习合同。

"未完成"是指学生由于缺席过多导致无法达到实习小时数的要求。

"无学分"是指学生未能达成最低实习要求。

第二学期综合技巧评估总结

概述优势及下阶段发展计划

____

____

____

获得"优秀"的学生必须至少完成450小时的实习,并达成九个核心能力训练的要求。如果实习能力提升未达成预期,学生还需要继续450小时的实习。

学生签名、讨论和回馈评估结果

____

____

第二学期综合技巧评估签名
学生([*学生名字*]):______________________________
指导老师(可选择)([*指导老师名字*]):______________________
机构督导([*机构督导名字*]):__________________________

南加州大学社会工作学院反思性学习工具

针对实习的反思性学习工具
南加州大学社会工作学院——实习教育部门

反思性学习工具将学生与案主的面谈通过对话的形式详述给机构督导。这是一种让学生在成长为职业社会工作者的同时，熟悉证据为本的实践和实践智慧干预的批判性思维的工具。学生在反思性学习工具中书写下面谈对话/临床的样本，是一个练习沟通、分析、干预和评估的学习方式，这是一种正念练习的方法：不做判断、完全接受地觉察当下正在发生的事情。

面谈部分
对话/临床样本

写下一个15~20分钟，对你有意义且你想与机构督导作为学习目的分享的面谈对话样本。

注意你在当下的：

1. 影响/感受
2. 身体上的感受
3. 契合程度
4. 想法

注意案主当下发生的：

1. 影响/感受
2. 思考过程
3. 声音语调
4. 面部表情
5. 姿势

干预：

1. 参与的基本行为
2. 动机访谈
3. 问题解决疗法
4. 认知行为疗法
5. 心理动力学疗法

准备改变阶段

1. 预备思考：案主不认为他/她的行为有问题
2. 思考:案主认为他/她的行为可能有问题并考虑做出改变
3. 准备：案主已经承诺改变有问题的行为，并打算尽快做出改变
4. 行动：案主已经做出改变
5. 维持：案主努力保持新做出的改变，来防止问题行为的再次发生
6. 复发：案主再次重复原样

正念时刻追踪
R-A-I-N

R Recognize 认识正在发生的事情
A Allow 允许面谈自然发生
I Investigate 善意地感知内心体验
N Nonidentification 依靠自然意识

每学期完成10个反思性学习练习

正念练习

“通过有意识地觉察（on purpose）、活在当下（in the present moment）及不做判断地（nonjudgmentally）觉察正在经历的事情。”

–Kabat-Zinn

USC University of Southern California

南加州大学社会工作学院实习教育部门

面谈部分对话/临床范例	注意你在当下的：感受，身体感觉，想法，经历	注意案主当下发生的：感受，意识，行为，非语言（姿势、表情等）	干预	机构督导点评

实习反思性学习工具

学生姓名____________面谈日期____________面谈次数____________

案主昵称,性别,年龄,种族________________________

面谈目的________________________________

待解决问题______________________________

1. 为什么你选择这部分对话与你的机构督导分享?

____

____

____

____

2. 主要使用的干预方法(包括由证据为本或由证据引导的干预方式):

____

3. 根据你的临床判断,哪些是最有效的干预方式? 为什么?

____

____

____

4. 你认为案主目前的改变阶段是什么? 为什么?

☐ 预备思考　☐ 思考　☐ 准备　☐ 行动　☐ 维持　☐ 复发

____

____

____

5. 文化能力:你在面谈中和面谈后分别觉察到了哪些文化因素?

____

____

____

6. 法律和道德:在面谈中你遇到过任何法律或者道德上的问题吗? 如果有,具体是哪些?

____

____

____

7. 在面谈中案主目前展现出的长处有哪些?

____

____

8. 有哪些宏观系统的问题会影响到案主及其所需的资源?

☐ 经济/基本需求 ☐ 教育/培训 ☐ 法律 ☐ 健康、安全和社会服务

☐ 志愿组织 ☐ 情感支持

需要的资源____

9. 这次面谈中最有挑战、最让你兴奋、刺激或紧张的地方是什么?

____

____

____

____

10. 临床进步计划:你会改变这次面谈中的哪些方面?为什么?

____

____

____

____

11. 从 1 到 5,你会给你和案主的工作关系打几分?为什么?

1——————2——————3——————4——————5

负面关系 积极关系

____

____

____

____

12. 从 1 到 5,你会给你和案主的契合程度打几分?为什么?

1——————2——————3——————4——————5

契合程度低 契合程度高

____

____

____

____

临床干预

南加州大学社会工作学院——实习教育部门

证据为本的实践(EBP)定义为"在病人特点、文化和偏好方面临床专业的最佳研究的整合"。EBP 的目的是促进与个人、夫妻或情侣、家庭、小组或更大的系统,进行有效的社会工作实践。这样的实践需要持续的反馈、分析,和与机构督导的合作。

下面列出的临床干预方法并不构成 EBP 或最好的实践干预方法的深度和广度。他们的目的是用来识别你用到的一些干预方法,并且"提醒"其他你可能会用到的干预方法。重点在于,你需要与你的机构督导讨论,因为他们都是在其组织中对这些 EBP 或是其他最佳实践模式和干预方法的专家。

动机访谈

- 肯定
- 简单反馈
- 反映感受
- 双面反馈
- 开放型问题
- 过渡性总结
- 主体总结
- 询问细节
- 激发式提问
- 让案主设想极端的情况
- 让案主探索利与弊
- 让案主展望未来
- 让案主回顾过去
- 利弊平衡练习

问题解决疗法

- 提供心理教育
- 帮助案主解决以下问题:
  界定问题
  发展目标
  列举方案
  评估方案优劣
  选择最佳方案
  评估结果

工作关系和契合程度

研究人员多次发现,社会工作者和案主之间积极的工作关系(信任、目标上的一致,被理解的感觉)是衡量结果的最佳指标之一。契合程度将这种工作关系提升到一个不同的级别:社会工作者和案主之间的情感联系。

认知行为疗法

- 认识思想、情绪和行为之间的关系
- 对证据提出疑问
- 研究选择和替代方法
- 列出优点和缺点
- 标注扭曲失真的地方
- 认知演习
- 行为演习
- 停止思考
- 使用驳论或夸张
- 放松技巧

心理动力学疗法

- 研究案主与社会工作者的关系经历
- 情感自我表露
- 观察案主非语言的交流并且与之合作
- 搜寻开放与防御性之间的波动
- 搜寻案主与社会工作者之间积极与消极的关系经历
- 与焦虑、羞耻和内疚的反应合作
- 与防御性的反应合作
- 与关系模式合作
- 命名和承认情感体验
- 促进真实的情感体验
- 关注身体上的体验
- 协助追踪过程

USC University of Southern California